保育の質が高まる！

1歳児の指導計画

子ども理解と書き方のポイント

阿部和子・山王堂惠偉子　編著

中央法規

JN075217

はじめに

　子どもたちは何か特別なことを体験することで育つのではなく、当たり前にくり返される日常を十分に生き、そこでの体験を積み重ねることで、日々を、そして、その連続の先の未来を、豊かに生きる力を獲得していきます。

　子どもの日常は一人では成り立ちません。子どもを温かく受けとめ、日常に心を砕き、それぞれの子どもが、それぞれの幸せを追求していくことを願い、その傍らにスタンド・バイする人がいなければなりません。

　本書は、子どもの姿を大切にして、迷いながらも実践してきた保育を振り返り、実践してきた記録をもとに自らの保育の考え方を明らかにし、そのうえで、試行錯誤を重ねながら取り組んださくらの保育園の1年間の計画と実践をもとにして編集しています。

　本書がこだわったのは、「子どもの姿」から指導計画を立案し、実践を展開し、その後、子どもの姿や内面の育ち（保育者の対応も含めて）を意識して実践を振り返り、次の計画を立案するという保育の連続性のリアリティです。そして、子どもの（今の）姿から、子どもの（明日の、未来の）姿へという育ちの連続性です。

　編著者の山王堂と阿部は、さくらの保育園の保育者が自らの実践を整理し形づくっていく過程に伴走しました。ですから、さくらの保育園の保育者と子どもたちが本書の真の著者です。さらに、本書を手にした方へと連続するとしたら、その方は、これからの本書の発展編の著者です。そのような連鎖が起きるとしたら、編著者の望外の喜びです。

2021年1月

編著者　阿部和子

山王堂惠偉子

保育の質が高まる！
1歳児の指導計画
子ども理解と
書き方のポイント

Contents

保育の基本はココから

第1章 1歳児の保育において大切にしたいこと

1 乳幼児期のよりよい生活（遊びを含む）とは……10

2 1歳児のよりよい生活……12

① 1歳児期に大切にしたいこと……12

●保育者に「受け止められているという確信＝安心感」をもつ

●探索活動を十分に──ものと関わってじっくりと遊ぶ

●子どものリズム、興味、関心に沿った環境構成

●できるところは自分で、難しいところは保育者と一緒に

② 保育所保育指針、幼保連携型認定こども園教育・保育要領で確認する……21

──おおよそこの時期のねらい、
　　内容、内容の取扱い（教育的側面）から

指導計画はココから

第2章 1歳児の指導計画

年間指導計画……28

保育の質向上はココから

第3章 乳幼児保育の基本と展開

本書（第2章）の使い方

本書の第2章は、月ごとに、「子どもの姿と振り返り」「月案」「個別の計画（高月齢・低月例）」
の3構成になっています。各要素の連続性や関係性を踏まえて、指導計画を作成しましょう。

子どもの姿と
振り返り

月　　案

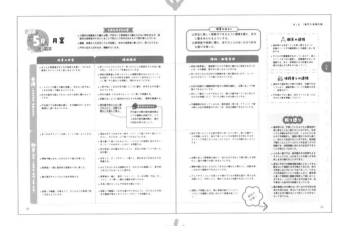

個別の計画

第**1**章

1歳児の
保育において
大切にしたいこと

1 乳幼児期のよりよい 生活（遊びを含む）とは

　子どもにとってのよりよい生活（遊びを含む）は、「現在を最もよく生き、望ましい未来を創る出す力の基礎を培う（保育所保育指針の保育目標）」ことにつながる体験を十分にすることです。

　「現在を最もよく生きる」ということは、子どもの「ああしたい、こうしたい（こういうふうに生きたい）」という欲求を、今、もち合わせている力を存分に使ってやり遂げることです。そして、もち合わせの力で、あれやこれやと試み、やれたことの喜びを味わうことです。さらに、できることにくり返し取り組み獲得した力を確かなものにし、自分のすることに自信をもつことです。加えて、今の力では難しいことにも、それをしてみたいと思ってやってみる時間が十分にあることです。傍らには、試したり工夫したりすることを見守ったり、一緒に試行錯誤してくれる保育者がいることです。

　そのような毎日の生活や遊びの体験の蓄積の中で、望ましい未来をつくりだす力の

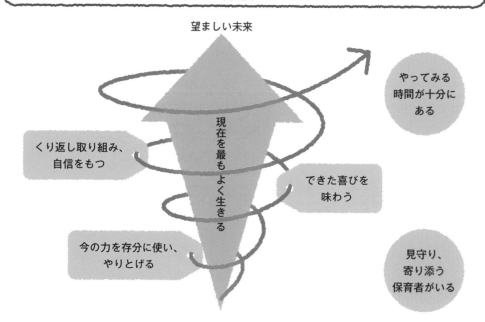

図1　望ましい未来につながる体験

望ましい未来

やってみる時間が十分にある

くり返し取り組み、自信をもつ

現在を最もよく生きる

できた喜びを味わう

今の力を存分に使い、やりとげる

見守り、寄り添う保育者がいる

基礎が培われることになります。保育所保育指針や幼保連携型認定こども園教育・保育要領では、未来をつくりだす力の基礎として、また、生きる力の小学校教育の基礎として育みたい資質・能力を3つの側面から挙げています。

> （ア）豊かな体験を通じて、感じたり、気付いたり、分かったり、できるようになったりする「知識及び技能の基礎」
> （イ）気付いたことや、できるようになったことなどを使い、考えたり、試したり、工夫したり、表現したりする「思考力、判断力、表現力等の基礎」
> （ウ）心情、意欲、態度が育つ中で、よりよい生活を営もうとする「学びに向かう力、人間性等」

　乳幼児期はこれらの力の基礎を培う時期であるとしています。これらの力の基礎を培うために、毎日の生活や遊びの中で、「感じたり、気づいたり、分かったり、できるようになったりする」そして、「気付いたことや、できるようになったことなどを使い、考えたり、試したり、工夫したり、表現したりする」体験を十分にすることが、重要になります。
　それらの体験を十分にすることを通して子どもの「心情、意欲、態度」が育ってきて、身につけた様々な力を使い、よりよい生活を営もうとする（学びに向かう力）中で、子どもの内面（人間性）も育っていくと考えられます。

図2　乳幼児期に育みたい資質・能力のイメージ

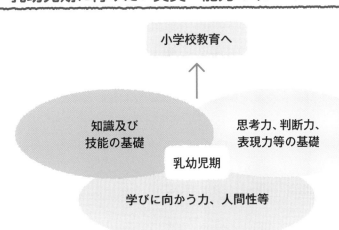

2 1歳児のよりよい生活

0歳代のよりよい生活（心をもった存在として共感的に応答され、もてる力を十分に使って毎日の活動をくり広げる）を通して、人として生きていくうえで最低限必要な力（直立歩行、言葉など、ほかの動物にはない人間の特徴）、さらには、よりよく生きようとする力の具体的な姿として「自分でしようとする」意欲が芽生えてきます。

身近な環境の中で、自分の行きたいところへ歩いて行き、おもしろいと思ったものを操作する手指の器用さを獲得し、それらの力を使って、自分でやりたいことに取り組む生活の中で、「感じたり、気づいたり、分かったりできるようになる」そして、「気づいたことやできるようになったことなどを使い、考えたり、試したり、工夫したり、表現したりする」体験とは、具体的にどのような体験でしょうか。

① 1歳児期に大切にしたいこと

0歳児の後期に生活や遊びを充実して過ごした子どもは、図3「1歳3か月ごろの発達の姿のネットワーク」で示すように、その生活や遊びの体験を通して「自分でしたい（自立への欲求）」という気持ちが育ってきます。1歳児の保育は「自分でしたい（自立への欲求）」という気持ちを尊重することから展開することになります。しかし、「…をしたい」という気持ちと「…ができること」は異なります。やろうとして取り組み試みてもうまくいかないことも多くなります。また、気持ちが先立ち、うまく言葉で表現できなかったり、時に、保育者が困惑するようなこともあります。このような姿は、この時期の発達の姿の特徴であり、発達の一つの過程です。

図3　1歳児3か月ごろの発達の姿のネットワーク

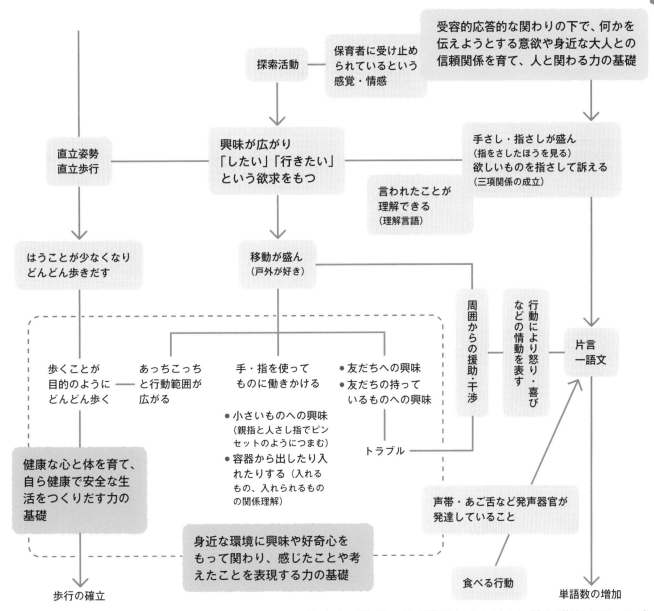

注：図中、点線で囲っている部分は大切にしたいこと（十分に体験してほしいこと）

　　一方、歩行が確立し、周囲探索が活発になっていきます。子どもの発達や、興味・
関心に合わせ、環境を整えて一人遊びを十分に体験でき、遊び込めるようにサポート
します。また、保育者と一緒に遊び、遊びを発展させる体験もします。

　　以上のような1歳児の生活を展開するために、0歳児後期に形成された特定の保育

者との関係が深まり、生活の安全基地、困った時に助けを求めることができる確実な避難場所を得ていることが重要になります。保育者の養護的な関わりが土台となって、子どもが環境に関わることで様々な力を獲得するという教育的な側面が展開されます。

　この時期の保育で大切にしたいことを図4「1歳児期に大切にしたいこと」を参照しながら見ていきます。

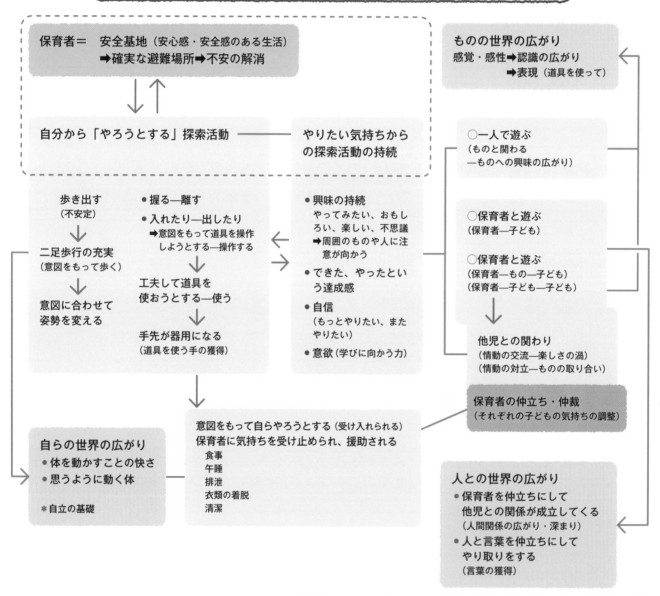

図4　1歳時期に大切にしたいこと

注：図中、点線で囲っている部分は大切にしたいこと（十分に体験してほしいこと）

● 保育者に「受け止められているという確信＝安心感」をもつ

　子どもが園生活を安心して送れるのは、保育者に受け止められているという肯定的な情感を伴った感覚（ここでは確信と表現しておきます）があるからです。この感覚に支えられて、安心して、そこに居ることが可能になります。

　例えば、昼食の時間、さとるくん（1歳4か月）の前に、保育者が「はい、さとるくんの」とエプロンをテーブルの上に置きます。すると、さとるくんが保育者にエプロンを渡します。保育者「エプロンするの？」と聞くと、うなずきます。さとるくんは、してほしいことを要求すれば保育者に応えてもらえるという確信があります。このように、要求したことが受け止められる体験を重ねることで、ますます強く確信していきます（保育者に対する信頼感が強くなっていきます）。このようなやりとりは、生活や遊びの中で重ねられていきます。

● 探索活動を十分に ——ものと関わってじっくりと遊ぶ

　1歳代も周囲探索を通して、人やものとの世界を広げていくのは0歳代と同じですが、探索における大きな違いは、0歳代はどちらかと言うと、周囲のものに触発されるようにして、つまり、周囲のものに埋め込まれた特徴に引きつけられるようにして活動が起きていました。1歳代は、自分でしたいという気持ち（自立への欲求）が芽生えてきていることと、ある程度思うように動く体を獲得しているので、その探索は、やりたい・してみたいと思ってものと関わることです（以下のエピソード参照）。

こうたくん（1歳4か月）は、落ちていたブロックに気づいてそれを拾い、つなぎ合わせようとする。あれこれ試みて2つつながると、今度はブロックの棚に行き、もう一つ出して、やはりあれこれ試行錯誤してやっとはめる（でこぼことしている）が、それを見て、ばらばらにして再度つなごうとする。少しして、平らに3つのブロックをつなぎ合わせて「おーおー」とそばの保育者に見せる。

かえちゃん（1歳8か月）は、保育室に差し込んでいる明るいところを見つけて、そこに行き、光と影の境目をさわろうとしています。何とかさわろうとするのですが、うまくつかめません。そのうち、寝転んで、何かをつかむように両手を泳がせています。光の中で動くほこり（？）を捕まえようとしているようです。

りかちゃん（1歳8か月）は昼食用のランチョンマットの入っているかごを棚から降ろし、ランチョンマットを次々と出しています。黄色地にテントウムシの刺しゅうのあるものを選んで、自分のロッカーに入れ、再びランチョンマットを引っ張り出しています。今度は、薄い緑色の地にミニカーが描かれているものを、りゅうくんに渡しました。

　これらのエピソードから、思うように動く体で様々なものと関わり、自分の思うように体が動くことの喜びと、そのものが何であるのかを関わりを通して知ろうとして興味を持続させる体験をします。あれこれ試行錯誤して関わることで、ものの性質や機能に感覚的に気づいていきます。また、ものと関わるおもしろさを体験します。

　これらの体験のあとに、子どもどうしの関わりが成立していきます。

●子どものリズム、興味、関心に沿った環境構成

　1歳代は、歩き始めて行動範囲が拡大してきていますが、それでも、活動の拠点は保育室です。子どもにとって保育室は、「温かな親しみとくつろぎの場となるとともに、いきいきと活動できる場となるように配慮（保育所保育指針・総則・保育環境）」されることになります。保育室は、以上の2つの要素をもつように構成されます。

　この時期の子どもの「自分でやりたがる」ということを受け止めて、保育を展開するとしたら、この時期の保育室は、具体的にどのようにあればよいのでしょうか。

空間

　個人差の著しい時期の子どもたちが生活したり遊んだりする保育室空間は、子どもたち一人ひとりにとって、安心でき、様々な活動ができることが要求されます。集団の日課が成立する時期でもありますが、家庭での生活や月齢差などから、集団の日課が不安定な子どももいます。例えば、登園してすぐに眠くなる子どもには、少しの間横になる空間が必要になります。朝から元気いっぱいの子どもには、それぞれの子どもの興味・関心に合わせて好きな遊びができる空間が必要になります。また、午前のおやつの時間も一応決まっていますが、一斉に食べ始めて一斉に終わることはできません。

　できるだけ一人ひとりの子どもの欲求が受け止められ、その子の発達の方向に沿って丁寧に関わるとしたら、保育室は、それぞれの空間が必要になります。保育室が、寝る・食べる・遊ぶ空間というようにゆるやかに囲われていることが必然となります。そして、遊びの空間は、その時々の子どもの興味・関心を考慮したものの配置があって初めて、この時期に大切にしたい体験である「じっくりとものと関わって遊ぶ」が保障されることになります。

遊具・道具

　子どもの発達過程、遊具・道具の種類と数、どこにどのように置くのかなどを、目の前の子どもたちの状況に合わせて準備します。この時期は、歩行が確立し、ある程度手指の動きが細やかになるので、その手指を存分に使って関われる遊具や道具、例えば、ものを入れたり出したり、出たり入ったり、積み上げる、崩す、並べるなど、遊具・道具をいじることで複雑な動きが生まれるもの、大きさの異なるもの、素材の異なるもの、子どもの思い通りになるものと予想外の動きや感触を生み出すものなどが、子どもの遊びを豊かにします。

また、1歳代後半になると、見立て・つもり遊びが出現してくるので、ままごと道具などを揃えます。だだ揃えるだけではなく、見守ったり、一緒に遊んだりすることで、遊具・道具が役割を果たします。まだまだ誤飲など安全面には気をつける必要があります。

人（言葉を話す）

　1歳の誕生日を迎えるころ、一語文が発せられるようになります。子どもの話すという動作は、口腔内やのどの筋肉だけではなく、腹部に至るまでの100以上の筋肉の共同動作が必要だと言われています（参照『歩行と言語――身障の孫の成長の記録』鳥居次好・著／三友社出版）。そして、立って歩くために必要な腹筋は、話すためにも必要だと言われています。歩く、話すという動作はかなりの共通項があるようです。話すための身体的な準備ができただけでは、意味のある言葉を話すことが難しく、周囲のものやことの認識の育ちと相まって言葉が誕生することになります。

　0歳児の後半あたりから、保育者は子どもの興味・関心に寄り添うようにして一緒に遊んだり、行動をしてきました。例えば、散歩にいく時なども「散歩にいくよ」の声かけだけではなく、散歩にいく準備を手伝いながら、一人ひとりの子どもの様子に合わせて「帽子、かぶったかな」「○○ちゃんの靴はどこかな」「靴はいて」「わんわん、見にいこうね。△△ちゃん、まだかなーって待ってるよ」「そうだね。バスも見ようね」など、子どもと対話します。このような対応は、0歳代も同じです（エピソード4）。0歳代は、食事などの体験の中からバナナのイメージ（目の前にないものを思い浮かべる）が生まれています。このように、今、体験していることに言葉を添えて対応されることで、直立歩行と認識の育ちが統合されて、エピソード5のあきらくんのように一語文（イメージと音声が結びつく）が誕生します。

エピソード4

ゆかちゃん（0歳10か月）は、保育者と絵本を見ています。バナナの絵が出てくると、うれしそうに「あ、あ」と指をさしながら保育者の顔を見る。保育者「あったね、ゆかちゃんの大好きなバナナだね」と応えると、そうだというようにバナナを指さす。

あきらくん（1歳1か月）は、外を指さして「ぶーうー」と言いながら保育者を見る。保育者が「なにかあるのかな」と言いながらベランダの戸を開けると、窓の外に自動車が止まったばかりの様子。あきらくんはそれを指さしして「ぶーうー」と言う。「ぶーぶーだったね。あきらくんも今日、乗って来たんだよね」と保育者が応えると、満足そうに「ぶーぶー」と言う。

　言葉が急激に発達するのは、1歳半を過ぎたころからです。遊びでは、見立て・つもり遊びが出現するころです。見立て・つもり遊びも言葉も、それらを成り立たせているものは象徴機能（目の前にないものを別のもので表現する働き）の形成が関わっています。さらに、まわりのものには名前があるという認識が育ってくると、わからないものを「これは？　これは？」と聞いてきます。

　子どもとともに体験していることを、子どもにわかるように言葉にして関わります。また、子どもからの問いには、丁寧で美しい言葉で遊びが広がるように、また、子どもの喜びにつながるように応答することが重要です。

● できるところは自分で、　難しいところは保育者と一緒に

　子どもの気持が自ら向かわなくても、生命を支えるうえで、あるいは、この生を受けた文化の中で生きるうえで必要な行動様式を獲得していくことは重要なことです。いわゆる生活習慣（食事、排泄、清潔、睡眠、衣類の着脱）の獲得です。

　この時期の子どものやりたがる行動は、この生活習慣にも向かうので、生活習慣に対する保育者の願いと子どものやりたがることが、一致しています。図5「食事が自立する過程と保育者の関わり」は、スプーンの操作ができるようになることを例に取り、関わりを整理しました。ここでの問題は、保育者からすると「スプーンをこのように持つとうまく口に運べる」というのが伝えたいことの一つです。子どもは、その手を払いのけて、保育者から見ると脈絡がないように、自分の食べたいように、やりたいようにしたいと主張します。この自分でやりたがる気持ちからの行動を、保育者

が受け止められることが重要です。子どものやりたい気持ちを受容するということは、やりたいようにさせることではありません。やりたいことがどのようにしたらできるようになるのか（子どもの真の願い）の、そのやり方を示して見せたり、「こうしたらいいのかな？」と問いかけたり、子どもに受け入れられるような関わりを工夫することです。

　子どものやりたい気持ちを受け止めながらの関わりですから、互いに試行錯誤する時間の余裕が必要になります。このような関わりは、この時期のやりたがる行動の基本となります。保育者が考える「こうすればうまく食べられる」という方法を、子どものためだからと押し付けることではありません。

図5　食事が自立する過程と保育者の関わり

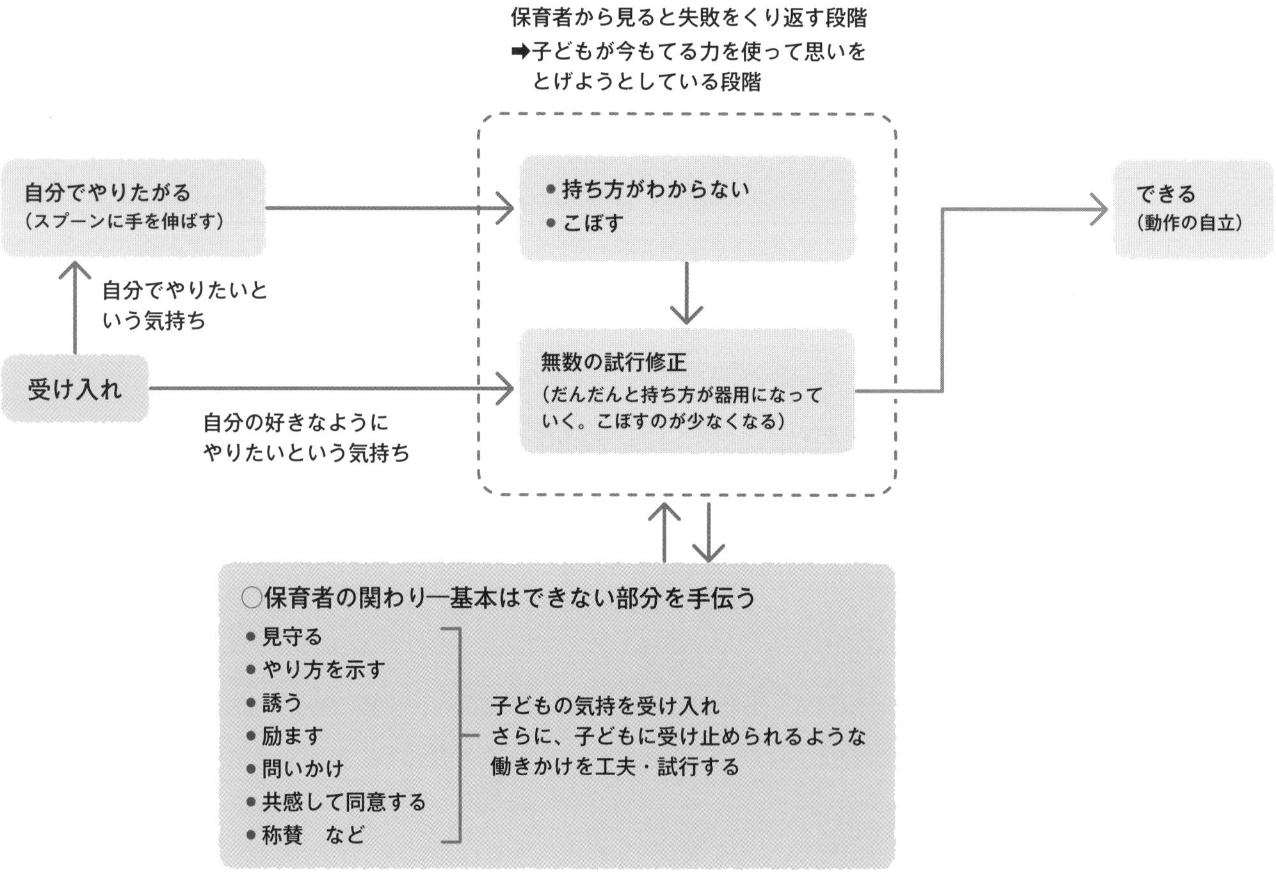

保育者から見ると失敗をくり返す段階
➡子どもが今もてる力を使って思いを
　とげようとしている段階

自分でやりたがる
（スプーンに手を伸ばす）

● 持ち方がわからない
● こぼす

できる
（動作の自立）

自分でやりたいと
いう気持ち

受け入れ

無数の試行修正
（だんだんと持ち方が器用になっていく。こぼすのが少なくなる）

自分の好きなように
やりたいという気持ち

○保育者の関わり─基本はできない部分を手伝う
● 見守る
● やり方を示す
● 誘う
● 励ます
● 問いかけ
● 共感して同意する
● 称賛　など

子どもの気持を受け入れ
さらに、子どもに受け止められるような
働きかけを工夫・試行する

注：図中、点線で囲っている部分は大切にしたいこと（十分に体験してほしいこと）

② 保育所保育指針、幼保連携型認定こども園教育・保育要領で確認する

——おおよそこの時期のねらい、内容、内容の取扱い（教育的側面）から

　これまでに述べた、この時期に大切にしたい体験について、表1「保育所保育指針第1章2（2）「養護に関わるねらい及び内容」、表2「保育所保育指針第2章2　1歳以上3歳未満児の保育に関わるねらい及び内容」を参照ください。

　そこに示されているねらいや内容は1、2歳代の全体の生活や遊びを通して達成に向かうものですから、1歳の誕生日を迎えたばかりの時と、2歳に近いころ、3歳に近いころの姿ではその現れ方が異なります。毎日の体験を積み重ねて、様々な力を蓄えていくので、1歳代の時々の姿に合わせたねらいや内容を考えていくことになります。この時期の子どものやりたがる行動は、自分でやりたいという気持ちをもって、身近な人やもの、できごとに向かいます。この時期の生活や遊びをやりたがることを中心に整理したものが図6「1歳児の発達の姿と保育の内容」です。

　0歳代の生活や遊びを通して、1歳の誕生日を迎えるころには、自我（自分でやりたい気持ち）が芽生えてきます。そして、1、2歳代の生活や遊びを通して、自他の区別につながる体験を通して、ほかとは異なる存在としての自己を獲得することになります。

　自己の獲得という発達過程に視点を当てて、1歳児の保育のねらいと内容を以下に考えてみます。

　最初に確認したいことは、養護に関わるねらいと内容です。自我・自己の発達に関連する養護的側面（情緒の安定）のねらいの一つとして、「一人一人の子どもが、周囲から主体として受け止められ、主体として育ち、自分を肯定する気持ちが育まれていくようにする」が挙げられ、それに対応していると考えられる内容として「保育士等との信頼関係を基盤に、一人一人の子どもが主体的に活動し、自発性や探索意欲などを高めるとともに、自分への自信をもつことができるよう成長の過程を見守り、適切に働きかける」ということが挙げられています。教育的側面の基盤を常に考えることになります。特に1歳代は、自我が芽生えと同時に始まります。

表1　養護に関わるねらい及び内容

	ねらい	内容
生命の保持	①一人一人の子どもが、快適に生活できるようにする。 ②一人一人の子どもが、健康で安全に過ごせるようにする。 ③一人一人の子どもの生理的欲求が、十分に満たされるようにする。 ④一人一人の子どもの健康増進が、積極的に図られるようにする。	①一人一人の子どもの平常の健康状態や発育及び発達状態を的確に把握し、異常を感じる場合は、速やかに適切に対応する。 ②家庭との連携を密にし、嘱託医等との連携を図りながら、子どもの疾病や事故防止に関する認識を深め、保健的で安全な保育環境の維持及び向上に努める。 ③清潔で安全な環境を整え、適切な援助や応答的な関わりを通して子どもの生理的欲求を満たしていく。また、家庭と協力しながら、子どもの発達過程等に応じた適切な生活のリズムがつくられていくようにする。 ④子どもの発達過程等に応じて、適度な運動と休息を取ることができるようにする。また、食事、排泄、衣類の着脱、身の回りを清潔にすることなどについて、子どもが意欲的に生活できるよう適切に援助する。
情緒の安定	①一人一人の子どもが、安定感をもって過ごせるようにする。 ②一人一人の子どもが、自分の気持ちを安心して表すことができるようにする。 ③一人一人の子どもが、周囲から主体として受け止められ、主体として育ち、自分を肯定する気持ちが育まれていくようにする。 ④一人一人の子どもがくつろいで共に過ごし、心身の疲れが癒されるようにする。	①一人一人の子どもの置かれている状態や発達過程などを的確に把握し、子どもの欲求を適切に満たしながら、応答的な触れ合いや言葉がけを行う。 ②一人一人の子どもの気持ちを受容し、共感しながら、子どもとの継続的な信頼関係を築いていく。 ③保育士等との信頼関係を基盤に、一人一人の子どもが主体的に活動し、自発性や探索意欲などを高めるとともに、自分への自信をもつことができるよう成長の過程を見守り、適切に働きかける。 ④一人一人の子どもの生活のリズム、発達過程、保育時間などに応じて、活動内容のバランスや調和を図りながら、適切な食事や休息が取れるようにする。

表2　1歳以上3歳未満児の保育に関わるねらい及び内容

	健康	人間関係	環境	言葉	表現
	健康な心と体を育て、自ら健康で安全な生活をつくり出す力を養う。	他の人々と親しみ、支え合って生活するために、自立心を育て、人と関わる力を養う。	周囲の様々な環境に好奇心や探究心をもって関わり、それらを生活に取り入れていこうとする力を養う。	経験したことや考えたことなどを自分なりの言葉で表現し、相手の話す言葉を聞こうとする意欲や態度を育て、言葉に対する感覚や言葉で表現する力を養う。	感じたことや考えたことを自分なりに表現することを通して、豊かな感性や表現する力を養い、創造性を豊かにする。
ねらい	①明るく伸び伸びと生活し、自分から体を動かすことを楽しむ。 ②自分の体を十分に動かし、様々な動きをしようとする。 ③健康、安全な生活に必要な習慣に気付き、自分でしてみようとする気持ちが育つ。	①保育所での生活を楽しみ、身近な人と関わる心地よさを感じる。 ②周囲の子ども等への興味や関心が高まり、関わりをもとうとする。 ③保育所の生活の仕方に慣れ、きまりの大切さに気付く。	①身近な環境に親しみ、触れ合う中で、様々なものに興味や関心をもつ。 ②様々なものに関わる中で、発見を楽しんだり、考えたりしようとする。 ③見る、聞く、触るなどの経験を通して、感覚の働きを豊かにする。	①言葉遊びや言葉で表現する楽しさを感じる。 ②人の言葉や話などを聞き、自分でも思ったことを伝えようとする。 ③絵本や物語等に親しむとともに、言葉のやり取りを通じて身近な人と気持ちを通わせる。	①身体の諸感覚の経験を豊かにし、様々な感覚を味わう。 ②感じたことや考えたことなどを自分なりに表現しようとする。 ③生活や遊びの様々な体験を通して、イメージや感性が豊かになる。
内容	①保育士等の愛情豊かな受容の下で、安定感をもって生活をする。 ②食事や午睡、遊びと休息など、保育所における生活のリズムが形成される。 ③走る、跳ぶ、登る、押す、引っ張るなど全身を使う遊びを楽しむ。 ④様々な食品や調理形態に慣れ、ゆったりとした雰囲気の中で食事や間食を楽しむ。 ⑤身の回りを清潔に保つ心地よさを感じ、その習慣が少しずつ身に付く。 ⑥保育士等の助けを借りながら、衣類の着脱を自分でしようとする。 ⑦便器での排泄に慣れ、自分で排泄ができるようになる。	①保育士等や周囲の子ども等との安定した関係の中で、共に過ごす心地よさを感じる。 ②保育士等の受容的・応答的な関わりの中で、欲求を適切に満たし、安定感をもって過ごす。 ③身の回りに様々な人がいることに気付き、徐々に他の子どもと関わりをもって遊ぶ。 ④保育士等の仲立ちにより、他の子どもとの関わり方を少しずつ身につける。 ⑤保育所の生活の仕方に慣れ、きまりがあることや、その大切さに気付く。 ⑥生活や遊びの中で、年長児や保育士等の真似をしたり、ごっこ遊びを楽しんだりする。	①安全で活動しやすい環境での探索活動等を通して、見る、聞く、触れる、嗅ぐ、味わうなどの感覚の働きを豊かにする。 ②玩具、絵本、遊具などに興味をもち、それらを使った遊びを楽しむ。 ③身の回りの物に触れる中で、形、色、大きさ、量などの物の性質や仕組みに気付く。 ④自分の物と人の物の区別や、場所的感覚など、環境を捉える感覚が育つ。 ⑤身近な生き物に気付き、親しみをもつ。 ⑥近隣の生活や季節の行事などに興味や関心をもつ。	①保育士等の応答的な関わりや話しかけにより、自ら言葉を使おうとする。 ②生活に必要な簡単な言葉に気付き、聞き分ける。 ③親しみをもって日常の挨拶に応じる。 ④絵本や紙芝居を楽しみ、簡単な言葉を繰り返したり、模倣をしたりして遊ぶ。 ⑤保育士等とごっこ遊びをする中で、言葉のやり取りを楽しむ。 ⑥保育士等を仲立ちとして、生活や遊びの中で友達との言葉のやり取りを楽しむ。 ⑦保育士等や友達の言葉や話に興味や関心をもって、聞いたり、話したりする。	①水、砂、土、紙、粘土など様々な素材に触れて楽しむ。 ②音楽、リズムやそれに合わせた体の動きを楽しむ。 ③生活の中で様々な音、形、色、手触り、動き、味、香りなどに気付いたり、感じたりして楽しむ。 ④歌を歌ったり、簡単な手遊びや全身を使う遊びを楽しんだりする。 ⑤保育士等からの話や、生活や遊びの中での出来事を通して、イメージを豊かにする。 ⑥生活や遊びの中で、興味のあることや経験したことなどを自分なりに表現する。

0歳代の生活や遊びにおいて、その最初から「主体（心をもった存在）として受け止められ」て、子どもが欲求したことに応答される体験を通して保育者との信頼関係を築いてきました。自我（自分でやりたい）が芽生えてきました。その子どものやりたい気持ちが、食事の場面でどのように展開されるかについて、図5「食事が自立する過程と保育者の関わり」（20ページ）において見てきました。なぜ、そのような働きかけをするのかということをねらいと内容との関係で見ていきます。

　食事場面に直接に関連する領域は、健康です。健康の領域は、0歳代の「すこやかに伸び伸び育つ」と連続しています。0歳代では、健康な心と体を育てるうえでの基礎（身体感覚・基本的な運動機能とそれを使おうとする意欲・生活のリズムの感覚）が培われ、1、2歳代では、そこに連続して「健康な心と体を育て、自ら健康で安全

図6　1歳児の発達の姿と保育の内容

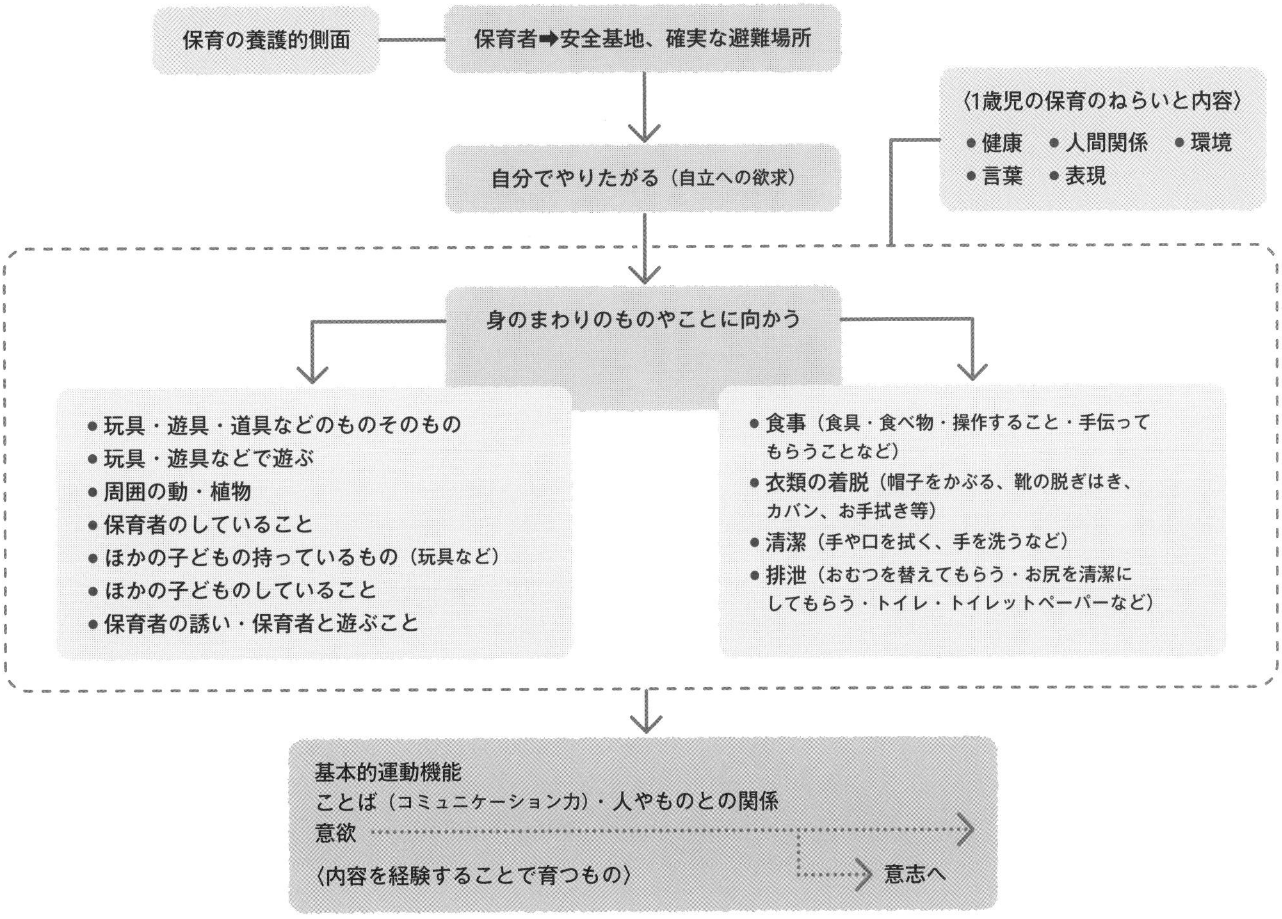

保育の養護的側面 ─ 保育者➡安全基地、確実な避難場所

〈1歳児の保育のねらいと内容〉
●健康　●人間関係　●環境
●言葉　●表現

自分でやりたがる（自立への欲求）

身のまわりのものやことに向かう

●玩具・遊具・道具などのものそのもの
●玩具・遊具などで遊ぶ
●周囲の動・植物
●保育者のしていること
●ほかの子どもの持っているもの（玩具など）
●ほかの子どものしていること
●保育者の誘い・保育者と遊ぶこと

●食事（食具・食べ物・操作すること・手伝ってもらうことなど）
●衣類の着脱（帽子をかぶる、靴の脱ぎはき、カバン、お手拭き等）
●清潔（手や口を拭く、手を洗うなど）
●排泄（おむつを替えてもらう・お尻を清潔にしてもらう・トイレ・トイレットペーパーなど）

基本的運動機能
ことば（コミュニケーション力）・人やものとの関係
意欲
〈内容を経験することで育つもの〉………➡意志へ

注：図中、点線で囲っている部分は大切にしたいこと（十分に体験してほしいこと）

図7 1歳児の発達の姿のネットワーク

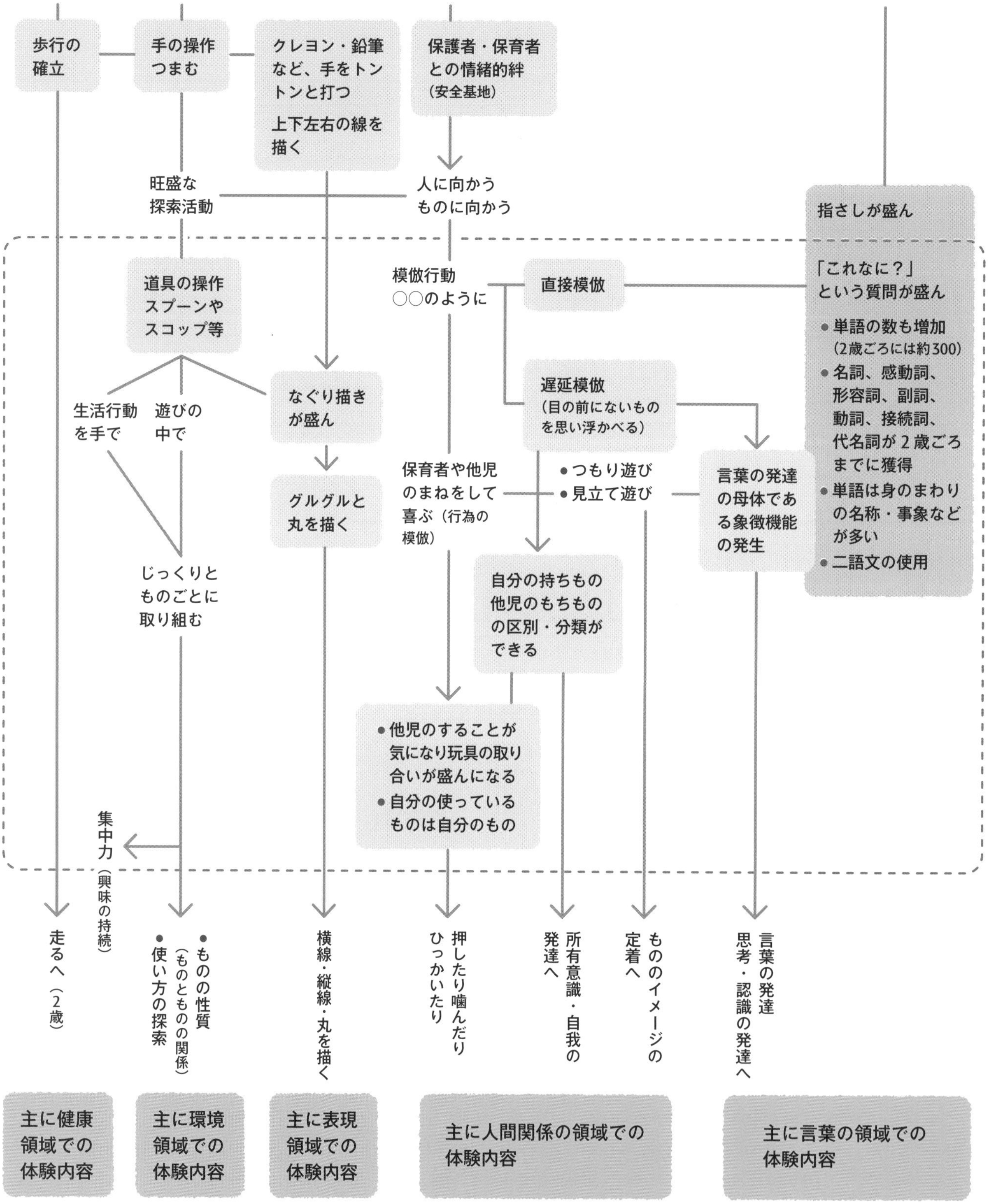

歩行の確立

手の操作 つまむ

クレヨン・鉛筆など、手をトントンと打つ
上下左右の線を描く

保護者・保育者との情緒的絆（安全基地）

旺盛な探索活動

人に向かう
ものに向かう

指さしが盛ん

道具の操作 スプーンやスコップ等

模倣行動 ○○のように

直接模倣

「これなに？」という質問が盛ん

- 単語の数も増加（2歳ごろには約300）
- 名詞、感動詞、形容詞、副詞、動詞、接続詞、代名詞が2歳ごろまでに獲得
- 単語は身のまわりの名称・事象などが多い
- 二語文の使用

生活行動を手で

遊びの中で

なぐり描きが盛ん

遅延模倣（目の前にないものを思い浮かべる）

保育者や他児のまねをして喜ぶ（行為の模倣）

- つもり遊び
- 見立て遊び

言葉の発達の母体である象徴機能の発生

グルグルと丸を描く

じっくりとものごとに取り組む

自分の持ちもの 他児のもちものの区別・分類ができる

集中力（興味の持続）

- 他児のすることが気になり玩具の取り合いが盛んになる
- 自分の使っているものは自分のもの

走るへ（2歳）

- もの性質（ものとものの関係）
- 使い方の探索

横線・縦線・丸を描く

押したり噛んだりひっかいたり

所有意識・自我の発達へ

もののイメージの定着へ

言葉の発達 思考・認識の発達へ

主に健康領域での体験内容

主に環境領域での体験内容

主に表現領域での体験内容

主に人間関係の領域での体験内容

主に言葉の領域での体験内容

注：図中、点線で囲っている部分は大切にしたいこと（十分に体験してほしいこと）

な生活をつくり出す力を養う」ことになります。この健康安全な生活をつくりだす力の獲得のために、1歳代では、体を動かすことの快さを感じ、自分で様々に動こうとすること、そして、健康・安全な生活には必要な習慣があることに気づくことが目指されます。そのために、子どもに体験してほしい内容があります。

　これらのねらいや内容のもとで食事場面を考えると、1歳児の保育において大切にしたいことで述べた「できるところは一人で、難しいところは保育者と一緒に」「子どものリズム・興味・関心に沿った環境構成」のような関わりになるということです。

　つけ足しになりますが、食事場面で子どもたちが体験していることは、集団の日課が成立してくる1歳代において、食事の始まりや終わりが、一斉ではないにしても食べる時間がほかの子と共有されます。食卓でのほかの子のすることに興味や関心もちます。保育者は「保育者やほかの子と一緒に過ごす楽しさ（人間関係における内容とも関連）」を意識して関わります。子どもたちは、食卓に並べられた器や食具、料理などに関心をもち、のぞき込んだり、さわってみたり、においを嗅いでみたりしようとします。そのような子どもの行動に保育者は、「おいしそうだね（色やにおいなど）」「おもしろい形をしているね」「いっぱい食べようね（量）」「はんぶんこしようか」（環境の内容とも関連）などと対応して子どもの食事に対する興味を広げます。食事の場面では、言葉が添えられてやりとりされます。そして、おいしく楽しい時間を過ごした子どもたちは、1歳の後半過ぎになりますが、積み木を好きな飲み物などに見立てて、「どうぞ」と振る舞ってくれます。また、おいしいものを作ってくれるおかあさんなどになりきって、鍋に見立てた器をかき混ぜたりします（表現の内容とも関連）。

　以上に見たように、食事場面は健康の領域のみのねらいや内容からとらえるだけではなく、ほかの領域と複雑に絡まり合っていることを意識したいものです。保育の内容の重なり合いは、図7「1歳児の発達の姿のネットワーク」でも見て取れます。例えば手指の操作は、食事、絵を描くこと、見立て・つもり遊び、他児との関わりの場面で、その力が使われ、使うことで洗練され、ますます豊かな活動が展開されることになるのです。

第2章

1歳児の
指導計画

年間指導計画

年間目標

- 一人ひとりの生活リズムを尊重し、保育者とのあたたかい関わりの中で安定した生活を送る。
- 生活や遊びの中で、まわりの子どもの存在に気づき、関わり合う中で自己の存在を確立しようとする。
- 身のまわりのことに関心をもち、生活を見通し、自分のことをしようとする。
- 生活や遊びの中で、身近なものや言葉への興味・関心が育つ。

家庭との連携

- 一人ひとりの日々の健康状態を把握し、体調に応じた援助を行うことで心地よい生活をする。
- 日々の子どもの様子を連絡帳や送迎時に伝え合い、保護者との信頼関係を築く。
- 子どもの興味・関心を伝え、関わり方を共通理解し、成長の喜びを共感する。
- 感染症が流行しやすい時期には、体調の変化などを細かく知らせ、感染時の対応を共有する。
- 室内やおもちゃの消毒、手洗いの励行について丁寧に伝え、集団生活における衛生管理を理解してもらう。

	1期（4月～6月）～先生大好き！～	2期（7月～9月）～外で遊ぼう～
ねらい	●新しい環境の中で不安や欲求を受け止められ、安心して過ごせるようにする。 ●個々のリズムに合わせた生活環境で、快適に過ごす。 ●保育者とのふれあいを喜び、好きな遊びを見つけて楽しむ。 ●園庭や散歩などで、自然に触れて楽しむ。	●快適で心地よい環境で、保育者にあたたかく受け止められ、友だちと楽しく遊ぶ。 ●食事や着脱など身のまわりのことに興味をもち、保育者と一緒にしようとする。 ●保育者や友だちの言葉に興味をもち、まねたり話したりして楽しむ。 ●水、砂、土の感触を味わい、保育者や友だちと体を動かす遊びを楽しむ。
内容 養護	●保健的で安全な環境のもと、一人ひとりの心身の発育、発達の状態を把握する。 ●新しい環境の中、保育者とのふれあいを通して安心して過ごすようにする	●衛生面や感染症に留意し、適切な水分・休息をとり、快適に過ごせるようにする。 ●一人ひとりの気持ちを受容し、共感を示して信頼関係を深める。
教育（健康・人間関係・環境・言葉・表現）	●保育者の援助で、こぼすことがあっても手づかみやスプーンで食べようとする。 ●身のまわりを清潔に保ち、心地よさを感じる。 ●保育者とふれあい遊びをしたり、自分の好きな遊びを楽しんだりする。 ●戸外遊びや散歩を通して春の自然に興味をもち、見たり触れたりする。	●いろいろな食べ物を見る、触れる、味わうことを通して、食べることを楽しみに待つ。 ●食事や着脱など、身のまわりのことを保育者に援助されて、一緒にする。 ●おむつが汚れていない時は、保育者に促されてトイレに行こうとする。 ●保育者と水・砂・泥遊びや、音楽に合わせて体を動かすことを楽しむ。

	低月齢児	高月齢児
子どもの姿	●自分の身のまわりのものに興味を示し、自分でしようとする。 ●保育者の手を引いて、してほしいことを態度や表情で要求する。 ●食事のリズムができ、スプーン、フォーク、コップに慣れて、自分で食べようとする。 ●行動範囲が広くなり、探索活動が盛んになる。 ●自分の要求を指さしや動作、一語文などで表す。 ●歌やリズムに合わせて、手を動かして楽しむ。また、手指を使って遊ぶ。	●促されると苦手なものも食べようとする。最後まで一人で食べるようになる。 ●動きが活発になり、走ったり、跳んだり、体を自由に動かす。 ●保育者の助けを借り、簡単な衣服の着脱や排泄、身のまわりのことが少しずつ自分でできるようになる。 ●友だちの存在を意識し、友だちと一緒に遊ぶことを喜ぶ。 ●保育者と一緒に見立て遊びや模倣をして遊ぶ。 ●二語文を話すようになり、自己主張する。

3期（10月〜12月）〜体をいっぱい動かそう〜	4期（1月〜3月）〜じっくり遊ぶ〜
●一人ひとりのこだわりを受け止め、心地よく生活できるようにする。 ●身のまわりのことを保育者と一緒に行い、健康に過ごす。 ●保育者や友だちと、言葉を使って簡単なやりとりをし、様々なごっこ遊びやリズム遊びを楽しむ。 ●秋から冬の自然に触れ、季節の変化を感じる。	●寒い時期の健康に留意し、環境を整え、快適に過ごせるようにする。 ●簡単な身のまわりのことを自分でしようとし、できた喜びを味わう。 ●様々な遊びをする中で、新たなことへの興味・関心をもち、試したり、使ったりして遊ぶ。 ●冬ならではの遊びや、氷・雪などの感触を楽しむ。
●寒暖差に留意し、室温・湿度の管理、衣服の調節を行い、快適に過ごせるようにする。 ●信頼関係を基盤に、自分の気持ちを安心して表すことができるようにする。	●保健衛生、感染症予防を心がけ、健康的に過ごせるようにする。 ●安心できる関係の中で、意欲的に過ごせるようにする。
●保育者や友だちと一緒に食べることを楽しみに待ち、おいしく食べる。 ●食事や着脱など自分でしたいという意欲が出てきて、自分でしようとする。 ●保育者に促されてトイレに行き、排泄しようとする。 ●保育者と一緒に、気温に合わせて衣服の調節をする。 ●音楽に合わせて楽器を鳴らし、ごっこ遊びを楽しむ。	●スプーンやフォークを使って一人で食べられることに満足感や達成感をもつ。 ●食事、排泄、睡眠など、自分でできることをしようとする。 ●尿意を保育者に知らせ、トイレで排泄する。 ●身のまわりのことを、保育者に手伝ってもらい少しずつ自分でもやってみようとする。 ●雪や氷に触れたり、そりですべったりして、存分に楽しむ。

内容 教育（健康・人間関係・環境・言葉・表現）	● 保育者の絵本の読み聞かせを聞き、喜び、まねる。 ● 保育者や友だちと一緒に過ごす中で、人やものに興味をもって関わろうとする。 ● 保育者からの話しかけを喜び、自分なりの言葉で話そうとする。 ● 手遊びや季節の歌をうたうこと、体を動かして遊ぶことを楽しむ。	● 保育者と一緒に絵本を見たり、手遊びを楽しんだりする。 ● 保育者や友だちが言ったことをまね、見たものを言葉で伝えようとする。 ● 保育者と一緒に畑へ行き、水やりや収穫をする。 ● 保育者の仲立ちにより一緒に遊ぶ中で、友だちへの興味が増し、関わりをもとうとする。 ● 保育者と一緒に水、砂、泥に触れ、感触を味わいながら満足するまで遊ぶ。
保育者の援助・配慮	● 一人ひとりの心身の状態を把握し、体調や気分に応じて無理なく生活を送れるようにする。 ● 安心して過ごせるように、特定の保育者が不安や要求を受け止め、信頼関係を築く。 ● 楽しい雰囲気で、十分に手づかみ食べをし、スプーンやフォークを使ってみようとする気持ちを励ます。 ● おむつがぬれていないか問いかけ、トイレに行ってみようかと、さりげなく誘う。 ● 好きな遊びができるように、おもちゃや場所を準備し、危険のないように見守る。	● 子どもの健康状態に留意し、休息と活動のバランスに気をつけ、健康に過ごせるようにする。 ● 個々の排尿間隔を把握し、一人ひとりのタイミングに合わせてトイレに誘う。 ● 保育者が仲立ちとなり、子どもの思いを代弁し、一緒に思いを伝える。 ● 楽しさや心地よさを味わえるように、夏ならではの遊びを一緒に行う。 ● 歌や音楽に親しみをもてるように、保育者も一緒に楽しむ。
行事	● 入園式　● こどもの日　● 春の遠足　● イチゴ狩り ● サクランボ狩り	● 七夕　● 夏祭り

- 落ち葉や木の実などに触れ、散歩や戸外遊びを十分に楽しむ。

- 自分の要求を伝え、保育者が言葉にして伝え、生活や遊びの中で簡単なやりとりをする。

- 歩く、走る、登る、くぐる、両足でジャンプするなど、全身を使う遊びや、手指を使う遊びを楽しむ。

- 簡単なストーリーの絵本や紙芝居の読み聞かせを楽しむ。

- 保育者と一緒に、メロディやリズム、楽器に合わせて体を動かして自分なりに表現することを楽しむ。

- 自分の気持ちを少しずつ言葉で表し、友だちと同じ遊びを楽しむ。

- 手先を使った遊びなど、好きな遊びを見つけ集中して取り組む。

- 保育者の仲立ちで友だちと同じ遊びをしたり、一緒に遊んだりして関わりを楽しむ。

- 生活や遊びの中で保育者と簡単な言葉のやりとりをし、自分なりの言葉で思いを伝えようとする。

- できたことの満足感を味わえるように、やってみたい気持ちを大切に受け止め、時間をとって見守り一緒に行う。

- 特定の保育者を軸に、ほかの保育者からもあたたかく受け止められ、安心の場所を広げる。

- 手づかみ食べもするが、好きなものからスプーンやフォークを使って食べることを喜び、保育者も共感する

- 身のまわりのことや遊びを通して、自分でやろうとする意欲を大切にし、自信につなげる。

- スプーンやフォークを使って、好きなものをおいしく楽しく食べられるようにする。食具の使い方を丁寧に伝える。

- 尿意を訴えたら即座に応じ、排尿したら「気持ちいいね」と言う。

- 体を十分に動かすことのできる遊びや周囲の安全な環境を工夫し、一緒に楽しむ。

- 保育者が共感しながらくり返し行う中で、いろいろな素材に触れ、自分なりの表現で楽しむことができるようにする。

- 一緒に食べる楽しさを体験できるように、友だちと会話をしながら食べられるようにする。

- 友だちとのふれあいや簡単な言葉のやりとりを楽しめるように、保育者が仲立ちをして一緒に遊ぶ。

- コーナーなどをつくり、自由におもちゃを取り出してじっくりと集中して遊べるよう環境設定に配慮する。

- 2 歳児クラスへ遊びに行く機会をつくり、保育者も一緒に遊びを楽しむ。

- 運動会　● 秋の遠足　● 発表会　● クリスマス

- だんごさげ　● 作品展　● 豆まき　● 一日入園　● バイキング
- ひな祭り　● お別れ会　● 卒園式

4月

当初の子どもの姿と振り返り

Scene 1

振り返りにつながる観察記録

☑ 友だちが泣いているとつられて泣き出す子どもがいて、どこかで不安を感じているようだ。

☑ 新しい保育室やおもちゃに興味をもち遊びたいが、担当保育者を目で追いながら遊んでいる。

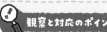

観察と対応のポイント

季節や年度の変わり目も意識して子どもたちをとらえます。

Scene 2

振り返りにつながる観察記録

☑ 見学に来る新入園児親子の様子は様々で、入園に対しての期待と不安が混在している。

☑ 戸外や兄弟がいる保育室だと安心し、そこから友だちと一緒に遊べるようになる。

観察と対応のポイント

兄弟姉妹など家族環境の影響があることに留意します。

4月の保育のねらい

☑新しい環境の中への戸惑いや不安、欲求を受け止め、安心して過ごせるようにする。

☑保育室や保育に慣れ、友だちとふれあいながら好きな遊びを楽しむ。

連続性を
踏まえて
月案を作成

33

4月 月案

4月当初の子どもの姿

● 新入児は、保育者と離れると不安になり泣いたりするが、抱っこやおんぶをすると少しずつ落ち着き、おもちゃに手を伸ばして遊ぼうとする姿が見られる。

● 進級児は、友だちが泣くとつられて泣きだす時があるが、戸外に出ると喜び、保育者と一緒に遊ぶことができる。

保育の内容	環境構成
養護（生命の保持・情緒の安定） ● 家庭と園の生活が連続した生活リズムであることで気持ちよく過ごせるようにする。 ● 個々の睡眠のリズムを保障し、眠い時は速やかに眠れるようにする。 ● 眠っていて食事がとれない時は、目覚め後に食べて気持ちよく過ごせるようにする。 ● 初めての保育室や保育者に慣れるように特定の保育者との時間を意識的にもつようにする。	● 家庭での生活リズム（起床時間、睡眠の状態等）の確認をする。 ● 午前寝や食後すぐに眠くなる子のために、遊ぶ場所とは少し離れた場所に睡眠空間をつくり、静かな環境で眠ることができるようにする。 ● 睡眠時にはカーテンを閉め薄暗くし、静かにオルゴールを流すなど寝入りしやすい環境をつくる。 ● 午前寝をして給食時間に食事ができなかった場合は、調理担当と話し合い個別におにぎりなどを準備し、目覚めたあと食べられるようにする。 ● おんぶをすることで落ち着く子には、家庭で使用しているおんぶひもなどと同じタイプのものを用意する。 ● 少人数ずつ分かれて遊べるよう、畳やマット、仕切りを使用し、コーナーをつくる。
教育（健康・人間関係・環境・言葉・表現） ● こぼしながらも一人でスプーンを持って食べようとする。 ● 保育者と一緒に好きな場所で好きな遊びを楽しむ。 ● 保育者に絵本を読んでもらうことを喜ぶ（乗り物、食べ物、動物等）。 ● 保育者と一緒に手遊びを楽しむ（「アンパンマン」「あたま・かた・ひざ・ぽん」等）。	● スプーンやフォークを準備し、どちらも使えるようにする。 ● 少人数でゆったり遊べるようにコーナーなどをつくり、保育者と目線が合うよう意識する。ままごとや自動車など、家庭でも楽しんで遊んでいるおもちゃや、その時に興味をもったものを準備する。 ● 月齢差があり、歩く子とハイハイする子といるので、おもちゃにつまずいて転ぶことのないように、こまめに片づける。 ● 月齢差によって遊びの興味が違うので、一人ひとりの姿を見ておもちゃの見直しや準備をする。 ● 子どもたちの目の高さで、手の届くところに本棚を設置し、絵本が手に取りやすいようにする。 ● 座って絵本が読めるように、ソファーやいすを近くに用意する。 ● 子どもがリズミカルに手足を動かして楽しめる手遊びを選ぶ。

> **書き方のポイント**
>
> 子どもの遊びがイメージできるように具体的に、目に浮かぶように書きます。

保育のねらい

☑ 新しい環境の中への戸惑いや不安、欲求を受け止め、安心して過ごせるようにする。

☑ 保育室に慣れ、友だちとふれあいながら好きな遊びを楽しむ。

援助・配慮事項

- 個々の生活リズムで過ごしつつ、休息や睡眠時間を確保できるように、その日の睡眠時間や起床時間、睡眠援助、食事の様子を確認し一日をスタートする。
- 寝る時の癖や特徴をつかみ、一人ひとりに合わせた寝かしつけを心がけ、自然に入眠できるようにする。

- 子どもがその時に求めていることをしっかりと感じ取り、タイミングよく応じるようにする。また、担当保育者との関わりをなるべく多くもてるようにする。
- 保育者間で声をかけ合い、一人ひとりの関わりを意識化して関わりをもつようにする。

- 手づかみやスプーンで食べようとする姿を見守りながらも、タイミングを見てさりげなく口に入れる。
- 食材の名前や色などを言い、食欲を誘うようにする。

- 好きな遊びやふれあい遊びをくり返し楽しんだり、興味がありそうな遊びに誘ったりしながら、一緒に楽しめるようにする。
- 友だちが持っているおもちゃに興味を示した時、同じようなものがあると伝え、関心が向くかどうかを探る。

書き方のポイント
子どもの思い・願いを想定して、援助を考えます。

- 子どもが選んだ本は必ず読み、イメージが膨らむようにする。くり返しの要求にも丁寧に答えていく。

- 声のトーンやリズムを大切にし、保育者のまねをしながら手遊びの楽しさを味わえるようにする。

個別の計画へ

👤 職員の連携

- 一人ひとりの家庭での様子や健康状態、保護者からの連絡事項を、保育者同士で共通認識をする。
- 新しい環境で、生活リズムが変わることもあるため、休息や睡眠が一人ひとりに合わせて十分にとれるよう、情報を共有する。
- 室内外、散歩コースなどに危険な箇所はないか確認を行う。

👪 保護者との連携

- 持ち物の準備などは、登降園時や連絡ノートで具体的に伝える。
- 家庭での生活習慣や健康状態、癖などをあらかじめ具体的に聞いて、これまでの生活に添うような保育から始めることを確認する。
- 保護者の不安な気持ちを受け止め、日々の様子や園生活に慣れていく姿を伝え、安心できるようにする。

振り返り

- 特定の保育者が継続して遊び、食事、入眠時に関わりを多くもったことで、少しずつ保育者に慣れることができた。今後も一人ひとりとの関わりを大切にして信頼関係を築いていきたい。
- 部屋の環境を整えてコーナーをつくったことで、子どもが好きな遊びを楽しむことができていた。今後は手作りおもちゃを加え、室内遊びを充実させていく。また、毎日、おもちゃや室内を消毒するなど、感染症予防を行なうことができた。
- 毎日、家庭からの連絡ノートや保護者からの伝達で、子どもたちの健康状態や睡眠時間を確認し、午前寝が必要な子は午前寝をし、昼寝の時間を早めるなどして個々に応じて対応したことで、体調を崩すことなく生活することができた。

4月

5月

6月

7月

8月

9月

10月

11月

12月

1月

2月

3月

4月 個別の計画 | になちゃん（1歳10か月）

子どもの姿	
●保育室が変わり、慣れない保育室や保育者が変わったことで戸惑い不安がある。もち上がりの担当保育者とは安心して興味のあるおもちゃで遊んだり、絵本を見たりする。 ●手づかみ食べもするが　スプーンやフォークを使って食べようとする。 ●トイレに保育者と一緒に行き、タイミングが合えば排尿する。	

ねらい

●新しい保育室に慣れ、安心して生活し、保育者や友だちと遊び楽しく過ごせるようにする。

●手づかみをしながらも、スプーンやフォークを使って食べようとする。

●生活の節目にトイレに行き、トイレで排尿する。

内容（養護・教育）

●戸惑いや甘えを十分に受け止めてもらい、生理的な欲求を満たし心地よく過ごす。保育者に見守られながら、楽しく遊ぶ。

●スプーンやフォークを使って、こぼしながらも一人で食べる満足感を味わう。

●保育者と一緒にトイレに行き、トイレで排尿する。

●保育者と一緒に手遊び（「なっとう」「アンパンマン」）や、ふれあい遊びを楽しむ。

保育者の援助・配慮

●保育者への甘えは、抱っこやひざの上に座るなどのふれあいによって甘えを満たし、安心して過ごせるようにする。

●安定剤となっている好きな手袋は、自ら手放すまでは持っていることを見守る。

●一つのテーブルに座る人数を4人にして、他児の動きからの刺激を少なくし、落ち着いて食事ができるようにする。

●フォークで刺しやすいように小さく切って小分けにし、一人で食べようとするのを見守る。スプーンも使うようになってきたので、すくいやすいようにさりげなく援助する。

4
月

5
月

6
月

7
月

8
月

9
月

10
月

11
月

12
月

1
月

2
月

3
月

保育者の援助・配慮

● 排尿まで90分以上間隔があくようになってきているので、生活の場面の切り替えや遊びの一区切り、午睡明けなど、おむつが濡れていないタイミングを見計ってトイレに誘う。「出るかな？　出ないかな？」などとやり取りをし、子どもの様子を見て切り上げる。排尿した時は、「スッキリしたね」などと子どもの体感を言葉で伝える。

● 午睡の際は、特定の保育者だと安心するのでそばにいて、好きな絵本（「だるまさんシリーズ」）を読み聞かせし、安心して眠れるようにする。

書き方のポイント

環境設定は保育が見通せるよう、具体的に書きます。保育者自身がどのように援助していきたいのか、考える機会にします。

● 好きなおもちゃ（人形、ままごと、ブロック等）を取り出しやすいように並べておく。

● 手をつないでゆっくり歩き、興味のある遊びが見つかるのをじっくりと待つ。

● 保育者と一緒に遊ぶ中で、友だちの遊び（ままごと）に興味をもち始めたら、「一緒にしてみる？」と問いかけ、「入れて」と代弁し、遊び始められるようにする。

● 声のトーンやリズムを工夫しながら手遊び歌をうたったり、ふれあい遊びなどをして生活の中でスキンシップを多くとる。

保護者との連携

● 朝の受け入れ時に泣くことがあるが、日中は好きな保育者と遊んだり、歌をうたったり、おもちゃで遊んだりして機嫌よく過ごしていることなどを、具体的に伝える。

● その日あった成長が感じられるエピソードを連絡帳に書くことで、保護者が安心できるようにする。

● 朝の排尿の時間を聞きとり、誘うタイミングを把握する。「自分で！」「イヤだ！」など、気持ちが向かない時は無理なく進めていることを伝える。

になちゃんの振り返り

● 保育室や保育者が変わったことで登園時は泣くことがあったが、できるだけ担当保育者が朝の受け入れを行うようにしたことで、担当に慣れてきて、泣かないで登園し、遊べるようになってきた。引き続き、気持ちに寄り添って生活をしていきたい。

● 食事は少人数グループでじっくりと関われるようにしたことで、ゆったりとした雰囲気の中で食べることができた。手づかみ食べから、スプーンやフォークに興味をもって使えるようになり、家庭と園の双方で持ち方などを伝え合いながら食具に慣れていけるよう継続していきたい。

● 生活の節目のタイミングで誘うとトイレで排尿することが多くなってきている。誘われても「行かない」と意思表示をした場合は無理に誘わず、機嫌よく遊ぶことを大切にして進めていく。

4月 個別の計画 | りくとくん（1歳1か月）

子どもの姿

- 新しい保育室や担当保育者が変わったことで不安や戸惑いがあり、泣いてぐっすり眠れず、30〜40分程度で目が覚める。
- 食べる時は泣き止み、おやつや昼食は泣かずに食べる。やわらかいご飯をほおばり噛まずに食べる。
- 保育者にまだ馴染んでいないので、おむつ交換の時、横に寝かせると反り返って嫌がり泣く。

ねらい

- 新しい環境や保育者に慣れ、安心して過ごせるようにする。
- 手づかみなどで楽しく食事をする。

内容（養護・教育）

- 担当保育者と一対一でふれあい遊びやスキンシップを取りながら、保育者に慣れて安心して過ごす。
- 登園時に保護者から日々の生活リズムや機嫌、体調などを聞き取り、継続した流れで家庭の延長として園生活が送れるようにする。
- 一対一で関わる中で、興味を示すものを探り、好きな遊びを安心して保育者と一緒に楽しむ。
- こぼしながらも、手づかみで自分で満足するまで食べようとする。

保育者の援助・配慮

- 登園時は、同じ保育者が受け入れるようにし、好む抱っこやおんぶをしながらうたったり（「げんこつやまのたぬきさん」「アンパンマン」等）、ふれあい遊びをしてスキンシップを多くとる。
- ふれあい遊びの際は、くすぐりっこなどで緊張感を和らげることから始め、保育者を受け入れてもらえるようになるまで子どものペースに合わせていく。
- おむつ交換の際は、不安感から何をされても泣くことが多いので、機嫌を見ながら随時、対応を工夫する。
- 新しい環境に慣れるまでは、おむつ交換の回数を少なめにし、まずは安心して過ごせるようになることを大切にしていると保護者に伝えておく。

 書き方のポイント

環境に慣れるまではおむつ交換の回数を少なくし、楽しく遊ぶことを優先するなど、安心して生活できるように配慮をしましょう。

保育者の援助・配慮

- ベッドは部屋の端に設置し、静かに眠れるような環境を整える。

- 昼食時と睡眠が重なった場合は、十分に睡眠をとれるようにし、起床してから昼食をとり、心地よく過ごせるようにする。

- 自分で食べようとする気持ちを大切にし、見守ったりタイミングをみてさりげなく口に入れ援助をする。ほおばりすぎるので手づかみ皿に小分けにしておく。

- 手づかみで食べやすいように、小皿に取り分けたり、持ちやすい大きさに切ったりしながら、自分で食べられるようにする。

保護者との連携

- 持ち物の準備や置き場所など具体的に伝え、生活の流れを話し、一日の生活がイメージしてもらえるようにする。

- その日楽しめた遊びや喜んで食べた食事など細かく園の様子を伝えることで、生活に慣れていく様子をイメージできるようにする。

- 生活リズムを整えていけるように、食事や睡眠の様子を伝え合う。

りくとくんの振り返り

- 抱っこやおんぶをしながら歌をうたったり、ふれあい遊びをし、ホールに行き、興味をもったトランポリンに乗り、保育者が心地よいリズムで揺らすことで楽しめるようになってきた。

- 4月後半になると泣いて過ごす時間も減り、担当保育者がそばにいることで安心して遊ぶ姿が見られるようになった。登園時は祖母の後追いが少なくなるよう、来月も担当保育者が関わり安心して過ごせるようにしていきたい。

- 園の環境や担当保育者に慣れてきたことで、次第に1時間は午睡できるようになった。家庭では、2時間は午睡ができているため、園でももっと安心して生活ができるようになると十分な睡眠が取れるので、環境の工夫にも力を入れていきたい。

- 初めから完食して食べ、少しもの足りない様子だったため栄養士と相談し、ご飯の量を少し増やしてもらった。おなかが満たされ、食後泣くこともなく過ごすことができた。

- 咀嚼は、次第にもぐもぐするようになり、保護者と話し合い完了食に進めていきたい。

5月

前月の子どもの姿と振り返り

Scene 1

振り返りにつながる観察記録

☑ 戸惑う時もあるが、少しずつ園の一日の生活リズムに慣れてきている様子が見られる。

☑ 前日に楽しく遊んでいたおもちゃの場所を探し、見つけてホッとして遊び始める姿がある。

観察と対応のポイント

登園時の様子をよく見守り、子どもの様子や気持ちをとらえます。

Scene 2

振り返りにつながる観察記録

☑ 午前寝や昼寝の時間を早める必要のある子どもがいる。

☑ 保護者と園や家庭での子どもの様子を伝え合うことで、信頼関係ができつつある。

観察と対応のポイント

連絡ノートなどを通じて、子どもの心身の状態や保護者の気持ちをとらえます。

4月の振り返り

● 特定の保育者が継続して遊び、食事、入眠時に関わりを多くもったことで、少しずつ保育者に慣れることができた。今後も一人ひとりとの関わりを大切にして信頼関係を築いていきたい。

● 子どもに合わせたおもちゃを用意し、部屋の環境を整えてコーナーをつくったことで、子どもが好きな遊びを楽しむことができていた。今後は手作りおもちゃを作成し、室内遊びを充実させていく。また、毎日、おもちゃや室内を消毒するなど、感染症予防を行なうことができた。

● 毎日、家庭からの連絡ノートや保護者からの伝達で、子どもたちの健康状態や睡眠時間を確認し、午前寝が必要な子は午前寝をし、昼寝の時間を早めるなどして個々に対応したことで、体調を崩さず生活することができた。

5月の保育のねらい

☑ 安全に楽しく探索ができるように環境を整え、存分に動きまわれるようにする。

☑ 保育室や保育者に慣れ、友だちとふれあいながら好きな遊びを楽しむ。

連続性を踏まえて月案を作成 ・・・➤

4月
5月
6月
7月
8月
9月
10月
11月
12月
1月
2月
3月

5月 月案

保育の内容	環境構成
養護（生命の保持・情緒の安定） ● なじんだ保育者が子どもの気持ちを察し、子どもの欲求にタイミングよく応じるようにする。 ● 一人ひとりの眠りの癖を把握し、好きな人形やぬいぐるみを持って眠れるようにする。 ● 好みの絵本を読んでもらいながら自然に眠れるようにする。 ● 戸外遊びでは紫外線を避け、水分補給を行いながら無理なく遊べるようにする。	● ゆっくりとしたリズムで、ゆったりとした気持ちでふれあい遊びをし、スキンシップを取るようにする。 ● 特定の保育者とのゆったりとした時間が取れるようにコーナーを仕切り、子どもが好きな絵本（『はらぺこあおむし』『ノンタン』等）や人形などを用意し、関われるようにする。 ● 人形やぬいぐるみを手の届くところに置き、好きなものを選べるようにする。 ● 好きな絵本（「だるまさんシリーズ」等）を準備する。 ● 危険のないように室内外のおもちゃを点検し、環境を整備する。 ● 紫外線予防のために帽子をかぶり、日陰や木陰などを選んで遊ぶ。 **✎ 書き方のポイント** 戸外遊びの際の紫外線対策はとても重要な内容です。クラス全体の紫外線対策と、個々の対応を考えましょう。
教育（健康・人間関係・環境・言葉・表現） ● 手づかみやスプーンを持って一人で食べようとする。 ● 興味や関心をもったおもちゃで遊びを楽しむ。 ● 保育者と一緒に室内外の探索を十分に楽しむ。 ● 春の草花やチョウなどの虫を発見する。 ● 指差しや喃語、片言などで、子どもなりの表現で思いを伝えようとする。	● 食材は手でつかみやすい形や、スプーンで食べやすい形にしてもらい、子どもが一人で食べられるようにする。 ● 落ち着いて食べられるように、一人ひとりの成長に合わせたいす（テーブル付きや一人がけ）を用意する。 ● 足が安定し手が届きやすいように、足元に牛乳パックで作った台を置く。 ● ままごと、ホースやチェーン落とし、型はめなどのおもちゃを用意する。 ● なんでも口に入れる時期なので、おもちゃは清潔にし、草や砂、土を口に入れないように見守る。 ● 保育者が一緒に、草花（クローバー、タンポポ等）や虫（ダンゴムシ、アリ等）に触れる機会を取り入れる。 ● 手洗い用のせっけんや手拭きを整えておく。 ● 指差しや喃語につながる遊びができるように、子どもたちの好きな動物や車などのマグネットやカードを用意する。

保育のねらい

☑ 安全に楽しく探索ができるように環境を整え、存分に動きまわれるようにする。

☑ 保育室や保育に慣れ、友だちとふれあいながら好きな遊びを楽しむ。

援助・配慮事項

- 特定の保育者に、短時間でもひざや背中に触れると安定する子どもには、その都度、速やかに応じるよう心がける。

- 多くの子どもたちの中では刺激が多く落ち着かないので、コーナーなど小さなスペースで過ごせるようにする。

- 生活の記録から睡眠時間や起きた時間を確認し、必要に応じて午前寝もできるようにする。

- 安心して眠ることができるように、眠りの癖や持っていると安心するものを把握したり、子どもが選んだ本を読んだりする。

- 行動範囲が広がってくるため、固定遊具（滑り台、ブランコ）で遊ぶ時には必ず保育者がそばにつき、安全を確保できるようにする。

- 自分で食べようとする姿を見守りゆったりと待つ。食べる量やペースを把握しながら、自分で食べようとする気持ちを大切にするが、タイミングを見てさりげなく口に入れて、子どもが疲れないようにする。

- 必要に応じて保育者も加わり、伝えながらまねして遊ぶ楽しさを味わい、遊びが膨らみ楽しめるようにする。

- 興味や関心を示したものにできるだけ触れたり見たりし、会話を楽しみながら探索ができるようにする。

- チョウやダンゴムシを見つけた時の子どもの発見を温かく受け止め、共感したり、代弁したり、触れてみるなど体感できるようにする。

- 指差しや発語に応え、物と言葉が結びつくよう一つひとつを確認し状況に合わせて言葉を返していく。

個別の計画へ

👤 職員の連携

- 連休明けは生活リズムを取り戻せるように、食事のペースや午睡時間などを確認し合い対応する。

- 子どもの行動範囲が広がっているので、遊ぶスペースを十分に確保し、危険箇所がないか確認する。また、保育者の立ち位置を決め、様子を見ながら声をかけ合っていく。

👥 保護者との連携

- 連休中や連休明けの様子を聞き、体調や生活リズムなど、健康状態についての情報を共有し、保育を行う。

- 戸外遊びではく靴は、足のサイズにあったはきなれた靴を準備してもらう。

振り返り

- 連休明けは、予想していたよりも入園当初の姿に戻ることなく過ごすことができた。生活リズムが崩れる子もいたが、一人ひとりに合わせて午前寝をし、個別に関わりながら過ごし、安心して生活することができた。担当制で関わったことで一人ひとりの生活リズムが把握でき、成長段階に合わせた生活ができたことが安心につながった。

- ふれあい遊びでは、低月齢の子は気持ちよさそうにしていた。ふれあうことの楽しさを共有しながら関わることができた。

- 室内と戸外での探索活動が盛んになってきた。靴をはいて探索する子が増えてきたが、歩行が安定しない子についてはブルーシートの上での外気浴やハイハイを楽しんだり、散歩車に乗って保育者と園庭を散歩して楽しむことができた。一人ひとり楽しみ方は違うが、虫や草花へも目が行き刺激となっている。

- 園の環境にまだ慣れない子にはその不安な気持ちを受け止め、安心につながるように方法を変えながら関わることで泣くことが少なくなってきている。

4月

5月

6月

7月

8月

9月

10月

11月

12月

1月

2月

3月

5月 個別の計画｜になちゃん（1歳11か月）

子どもの姿	●担任に慣れ、好きな遊び（ままごと）を見つけると一緒に遊ぼうと誘ってくる、午睡もぐっすり眠れるようになり、安定した生活を送っている。 ●戸外ではたんぽぽの綿毛を気にいって綿毛飛ばしをしたり、砂遊びや三輪車に乗ったりして楽しんでいる。 ●おむつに排尿すると「ちっち！」と言う。誘うとトイレに行く時がある。気持ちが向いている時は、トイレで排尿しようとする。 ●野菜は「いらない」と言って食べないことが多いが、ほかの食べ物はスプーンやフォークを持って食べ、手づかみは少なくなっている。 ●言葉に応えてもらうことを喜び、保育者とのやり取りを楽しんでいる。 

ねらい	●保育者の見守りのもと、探索活動が存分にできるようにする。 ●スプーンやフォーク使って食べる。 ●便座に慣れトイレで排尿する。 ●保育者と簡単な言葉のやり取りを楽しむ。

内容（養護・教育）	●保育者の見守りの中で興味・関心をもったところに自由に行き、固定遊具や春の自然物で存分に遊べるようにする。 ●スプーンやフォークですくって食べ、満足感を味わう。 ●保育者に誘われ、タイミングが合えばトイレで排泄する。 ●遊びの中で言葉のやり取りをしたり、うたったり、踊ったりして遊ぶ。

保育者の援助・配慮	●食材はスプーンですくいやすい形状にし、一口量がスプーンに乗るようにするが、こぼしながらも一人で食べられる満足感を味わえるようにする。 ●野菜を食べたがらない時は無理強いせず、「少しだけ味見をしよう」と促し、他児と一緒に食べようと誘いかけ、食べてみたいという気持ちを盛り上げる。 ●表情やしぐさに表したり、時には「ちっち」と事前に知らせることもあるが、遊びの節目のタイミングでトイレに誘っていく。

 **書き方のポイント**

野菜全体を食べないのか、調理形態によるのかによって、「一口食べよう」との促し方が異なります。野菜の様態を具体的に示しましょう。

保育者の援助・配慮

- 歩くペースに合わせて歩き、葉っぱや花（タンポポ、シロツメクサ等）近隣の自然物などを見たり、砂や土に触れたりできるようにする。

- 固定遊具（滑り台、ブランコ等）の高いところに上るので、いつでも手を差し伸べられる場所で目を離さず、見守り、体全体を使って遊べるようにする。

- 絵本の読み聞かせやごっこ遊びを通して、生活の中の言葉（「いただきます」「おいしいね」「どうぞ」等）から、イメージの世界の言葉のやりとりを楽しめるようにする。

- 友だちに対して思いが伝わらず泣きたい気持ちになることもあるので、まだ言葉にならない「貸して」や「ちょうだい」などの思いは代弁し橋渡しをする。

保護者との連携

- 連休明けの体調や生活リズム、興味をもっている遊びなどを具体的に伝える。

- 排泄は表情や素振り、「ちっち」と言葉で表現することやトイレでの排尿の回数などを伝え合う。

- 子どもが話したことや保育者とのやり取りを連絡帳に書き、成長を喜び合う。

4月
5月
6月
7月
8月
9月
10月
11月
12月
1月
2月
3月

になちゃんの振り返り

- 食べることを楽しみに待っている。遊び食べもあるがスプーンやフォークを使って食べる。

- トイレに行っても遊ぶことが多いが、タイミングが合えば排尿をすることがある。遊びの気分もトイレへの関心ととらえ、排泄した体感を言語化してほめるようにする。

- 保育者がそばについていなくても安心して遊べるようになってきた。とくに戸外での遊びは興味の赴く場所に行き、様々なものに目が向き、気づきが多くなってきた。

- 「イヤだ！」と言うことも多いが、嫌な気持ちをいったん受け入れると納得できることも増えている。

- 言葉が少しずつ出るようになり、保育者とのやり取りを楽しめるようになっている。友だちとのやり取りは、そばで遊びを見守りながら代弁していくようにする。「貸して」や「いいよ」などの言葉はきちんと受け止める。

個別の計画 | **りくとくん** （1歳2か月）

子どもの姿	● 朝は担当保育者が受け入れ、じっくり関わると早目に落ち着くことができるようになった。 ● 家庭での午睡は1時間半〜2時間だが、園では担当保育者に抱っこされて30〜40分の睡眠時間である。 ● 手づかみで食べたり、食べさせてもらい食べている。咀嚼が十分にできないので、固いものやざらっとしたものを口に入れても出す。 ● 靴をはいて担当保育者と手をつないで散歩し、草花や車を指さして「あ！」と喃語で伝える姿が見られる。 
ねらい	● 馴染んだ保育者とふれあう中で安心して遊び、ぐっすり眠れるようにする。 ● 様々な食品に慣れ、離乳食が「完了普通食」に移行する。 ● 保育者に見守られながら、探索活動を存分に楽しむ。
内容（養護・教育）	● 保育者がそばについていると自然に寝入り、一定の時間（1〜2時間）眠れるようになる。 ● 様々な食材や調理形態に慣れ、咀嚼して食べるようになる。 ● 保育者に見守られながら、行きたい場所に歩いていき、探索する。 ● 指さしをしたり、喃語や「めんめ」「ブーブ」などの簡単な言葉やしぐさで伝えるようになる。
保育者の援助・配慮	● 起床時間を把握し、眠そうになった時はなじんだ保育者が傍らにつき安心して眠れるようにする。目覚めた時も保育者がそばにいて安心できるようにする。 ● 噛む必要のある肉などの固い食品を細かくして出し、「もぐもぐしようね」と伝えて咀嚼できるようにする。保護者や栄養士と相談しながら完了食に進める。 ● 手づかみで食べるものは手づかみ皿に、スプーンで食べるものはすくいやすい皿に盛りつけ、一人で食べようとする姿を励ます。

 **書き方のポイント**

「〇時頃1〜2時間をまとめて寝るようになる」など、内容は生活リズムの定着を押さえて書きましょう。

<table>
<tr>
<td rowspan="1">保育者の援助・配慮</td>
<td>

- 一対一のふれあい遊びや手遊びでスキンシップを図り、安心して遊べるようにする。

- 歩行が不安定なので必要に応じて保育者が手を添え、体を動かして遊べるようにする。草花や砂など食べていないか確認する。

- 興味のあるおもちゃや絵本などを保育者とコーナーなど刺激の少ない場所で楽しめるようにする。

- 指さしや表情を見逃さず十分に受け止め、言葉のやりとりを楽しめるようにする。

</td>
</tr>
</table>

<table>
<tr>
<td>保護者との連携</td>
<td>

- 連休中や連休明けの様子を聞き、体調や生活リズムなど、健康状態についての情報を共有していく。園や保育者に少しずつ慣れていく様子を伝え、保護者が安心できるようにする。

- 完了食に向けて体調を確認し、新たな食材の取り込みについて保護者と連携しながら進めていく。

- 子どもが話したことや保育者とのやり取りを連絡帳に書き、成長を喜び合う。

</td>
</tr>
</table>

4月
5月
6月
7月
8月
9月
10月
11月
12月
1月
2月
3月

りくとくんの振り返り

- 連休明けは泣いて登園したが、担当保育者が受け入れ、一対一で十分関わることで早目に落ち着くことができるようになった。午前寝をしている5月下旬には、抱っこから添い寝で眠れるようになり、2時間は安心して眠れるようになった。また、担当保育者だとおむつ交換もスムーズにできるようになってきている。

- もぐもぐと咀嚼ができるようになってきたため、完了食に進めことができている。手づかみ食べで口いっぱいに詰め込むことがあるので、手づかみ皿に適量を入れ調整する。自分でコップを持って飲むようになってきたので必要に応じて援助や声かけを行い、一人で食べる満足感が味わえるようにする。

- 一人であちこち探索し、目についたものを触って確かめたりすることを楽しんでいるので、存分に探索活動ができるようにする。

- 指さし、「めんめ」「ばいばい」などと簡単な言葉で話すようになってきた。丁寧に受け止めながら、うなずいたり、言葉にして返したりしながら丁寧に関わっていくようにしたい。

6月

前月の子どもの姿と振り返り

Scene 1

振り返りにつながる観察記録

☑ 室内だけでなく、外気浴や園庭を散歩するなど、戸外の活動を楽しむことができた。

☑ 草花や虫を見つけると指をさして急いで近づき、虫を捕まえようとしていた。

観察と対応のポイント

室内や戸外の活動の時に見られる子どもの姿をとらえます。

Scene 2

振り返りにつながる観察記録

☑ 一人で食べられることが楽しくて、手づかみ食べでは、つめ込み過ぎることがある。食材の調理形態を確認する。

☑ 園生活に慣れない子もいる。不安な気持ちを受け止め、安心して過ごせる環境を整えたい。

観察と対応のポイント

一人ひとりの異なる生活リズムをとらえ、留意します。

5月の振り返り

- 連休明けは、予想していたよりも入園当初の姿に戻ることなく過ごすことができた。生活リズムが崩れる子もいたが、一人ひとりに合わせて午前寝をし、個別に関わりながら過ごし、安心して生活することができた。担当制で関わったことで一人ひとりの生活リズムが把握でき、成長段階に合わせた生活ができたことが安心につながった。

- ふれあい遊びでは、低月齢の子は気持ちよさそうにしていた。ふれあうことの楽しさを共有しながら関わることができた。

- 室内と戸外での探索活動が盛んになってきた。靴をはいて探索する子が増えてきたが、歩行が安定しない子についてはブルーシートの上での外気浴やハイハイを楽しんだり、散歩車に乗って保育者と園庭を散歩して楽しむことができた。一人ひとり楽しみ方は違うが、虫や草花へも目が行き刺激となっている。

- 園の環境にまだ慣れない子にはその不安な気持ちを受け止め、安心につながるように方法を変えながら関わることで泣くことが少なくなってきている。

6月の保育のねらい

☑ 梅雨期の衛生に配慮した中で健康状態を見守り、快適に過ごせるようにする。

☑ 保育者や友だちと一緒に戸外での探索活動や好きな遊びを楽しむ。

連続性を踏まえて月案を作成

4月
5月
6月
7月
8月
9月
10月
11月
12月
1月
2月
3月

6月 月案

- 特定の保育者との関係が形成されつつあり、安定し生活できるようになっている。
- 室内外で探索活動が盛んになり、園舎内の探索も楽しい遊びとなっている。
- 喜んで戸外に出て、砂場や手押し車で遊んだり、虫や草花を見て楽しんでいる。

保育の内容	環境構成
養護（生命の保持・情緒の安定）	
● 衛生的な環境の中で過ごせるように、保育室やおもちゃの消毒を徹底する。おむつ交換の際の手洗いを十分に行うことで感染症の予防に努める。	● 保育室やトイレ、おもちゃなどは丁寧に消毒をし、次亜塩素酸水を噴霧する。鼻水が出ている場合は、鼻を拭くことを伝えてからティッシュで拭く。
● 保育者と一緒に手を洗い、手がきれいになった心地よさを感じられるようにする。 ● 手のひら、指の間など手順を確認しながら洗う。	● ハンドソープに手が届くよう踏み台を用意し、手洗いができるようにする。ペーパータオルで手を拭き、ごみ箱を近くに置いて捨てやすくする。
● 蒸し暑い日が続くので、室内は適度に除湿し、戸外では日陰で遊んだり、休息を取ったり、水分補給をしながら快適に過ごせるようにする。	● 室温、湿度に留意し、必要に応じてエアコンを利用して快適な温度（27度以下）の中で遊び、休息も取るようにする。
● 自分の気持ちを保育者に受け止めてもらうことのうれしさを感じられるようにする。	● 遊びによっては、少人数でゆったりと関われるようにソフト積み木で仕切りをし、コーナーをつくる。
教育（健康・人間関係・環境・言葉・表現）	
● 手づかみやスプーンを使ってこぼしながらも自分で食べようとする。	● テーブルや子どもの手が触れやすいところの消毒を十分に行う。 ● スプーンやフォークをセッティングし、自分で選べるようにする。
● 保育者や友だちがしている遊びに興味をもち、同じ遊びをしようとする。	● コンテナ（高さ20cm）や安定感のある厚みのある板（幅30cm）を用意し、一本橋渡りをしたり傾斜になるように変えたりなど、板の置き方を工夫して、関心をもって近寄り、遊びやすいようにしておく。 ● 「おひさま広場」では、押し車やペダルのない三輪車で遊べるよう、石などが落ちていないか事前に確認する。
● 虫や草花、砂などの自然に触れたり、体を動かしたりして戸外での遊びを楽しむ。	● 中庭の砂場にシャベルや型抜きなどのおもちゃを用意する。 ● 保育者と一緒に探索する中で、草花（シロツメクサ、クローバー等）や虫（テントウムシ、ダンゴムシ等）に触れる機会を取り入れる。
● 自分のしてほしいことやしたいことを、身振りや指さし、簡単な言葉で伝えようとする。	● ゆったりとした雰囲気の中で、気持ちよく話ができる環境をつくる。
● 保育者の読み聞かせや言葉のリズムに興味をもつ（『おめんです』『たまごのえほん』）。	● 子どもたちが好きな食べ物や乗り物の絵本を用意し、子どもたちが選べるように、表紙が見えるように置き、取り出しやすくする。

> **書き方のポイント**
>
> コーナーは、少人数でゆったりと関わり合える環境設定になるよう考慮し、どのようにセッティングするのかまで具体的にします。図示してもよいでしょう。

保育のねらい

- ☑ 梅雨期の衛生に配慮した中で健康状態を見守り、快適に過ごせるようにする。
- ☑ 保育者や友だちと一緒に戸外での探索活動や好きな遊びを楽しむ。

援助・配慮事項

- ボックスティッシュを携帯する。ボックスティッシュを入れるホルダーの脇にごみ袋を備えておき、ごみをポケットなどに入れることのないようにする。

- 一人で洗おうとする子は、見守りながら必要に応じて手を添えて手指部分を一緒に洗いながら、洗い方や拭き方を丁寧に伝えていく。手洗いの後、気持ちがよいという体感を言語化する。

- 保育者自身が気温や室温の変化を敏感に感じ取って室温を調節し、水分補給を行い心地よく過ごせるようにする。

- 特定の保育者ができるだけ対応できるようにし、生理的欲求や甘えなどを満たしながら応答的に関わり、安心して過ごせるようにする。
- 遊びの中で子どもの気持ちを代弁することで、互いが気持ちよく過ごせるよう仲立ちをする。

- 自分で食べようとする気持ちを大切にし、食事が進まない時はさりげなく手を添えて適量を口に運べるように援助する。

- 保育者や友だちがしている遊び（一本橋渡り、虫探し等）に誘い、一緒に遊べるようにする。
- 押し車やペダルのない三輪車など、遊具は子どもの発達に見合ったものを選び、危険のないように見守る。
- 伝えようとしている声やしぐさにうなずき、代弁し、会話が続くように丁寧に応えていく。

- 雨が降った後にできる水たまりを見て喜んだり、虫の微細な動きに驚いたり喜んだりするする子どもの心を感じ取り、共感する。

- 子どもの伝えようとすることをくみ取って言葉で返したり、言葉と動作が一致するようにくり返し伝え、やり取りを楽しめるようにする。

- 絵本は、子どもの表情や視線を見て反応に応えながら、はっきり、ゆっくり、間も大切にしながら読む。もう一回読んでほしいと求めた時はくり返し読み、満足感が味わえるようにする。

個別の計画へ

職員の連携

- 体調の変化については連絡漏れのないよう声をかけ合う。子どもの具合が悪い時には、早めに対応できるよう職員間で共通認識しておく。
- 戸外遊びの時は、外に出る保育者と室内に残る保育者とを決め、遊びの前後は必ず人数を確認する。
- 梅雨期の衛生管理について確認し合い、蒸し暑い日や遊びの後には水分補給を行い、必要に応じて着替えがスムーズにできるよう事前準備の確認をする。

保護者との連携

- 梅雨期に多い感染症や皮膚疾患などの情報を提供し、園で流行している感染症については初期症状を伝え、早期受診をお願いし、感染予防に努める。
- 着替えの回数が増えるので、衣類を十分に備え、名前の明記についても伝える。

振り返り

- 鼻水や咳が出る子が多かったため、園でもこまめに体温を計るなど体調に気を配りながら関わり、保育者間でも情報を共有したことで、発熱した時は早めに対応することができた。
- 気温が高い日は、朝や夕方の涼しい時間帯に戸外に出て遊んだり、戸外遊びの時間を短く設定することで快適に楽しむことができた。
- 必要に応じてエアコンを使用したことで、お昼寝もぐっすり眠り、その後の活動も心地よく過ごすことができた。
- 子どもたちの体調がよい時には、「おひさま広場」で押し車やペダルのない三輪車に乗り、思い切り体を動かしたり、中庭で一本橋渡りや砂遊びをしながら戸外遊びを十分楽しむことができた。また、子どもたちが興味を示した草花や虫に保育者も触れる機会を多くもち、一緒に見たり触れたりして楽しむことができた。

6月 個別の計画｜になちゃん（2歳0か月）

子どもの姿	●食べることを楽しみに待っている。遊び食べもあるが、スプーンやフォークを使って食べる。 ●トイレ後は、ズボンやおむつを自分ではこうとする姿が見られるようになった。 ●戸外で遊ぶ時は帽子をかぶることが習慣になり、「帽子、帽子」と言って戸外遊びの準備をする。 ●中庭でダンゴムシやカエルを見つけると、座り込んでじっと見ている。 ●手を洗った後は、ペーパータオルを自分で取り手を拭く、ペーパータオルをごみ箱に入れるといった生活の流れが少しずつ身につくようになった。 ●手遊びをすると、「ラーメン」や「アンパンマン」などのフレーズをおいしそうに楽しそうにうたう。
ねらい	●自分の思いを言葉で伝える心地よさを味わえるようにする。 ●スプーンやフォークを使い、一人で食べられることを楽しむ。 ●トイレで排尿することに慣れる。 ●戸外で存分に探索し、自然物や小動物に興味・関心をもつ。
内容（養護・教育）	●甘えやこだわりを受け止められることにより、安心して生活できるようにする。 ●食器に手を添え、スプーンやフォークで適量をすくって食べる。 ●保育者と一緒にトイレに行き、排尿する。 ●保育者に見守られながら、簡単な衣類を着脱する。 ●身のまわりの小動物に気づき、見たり触れたりして遊ぶ。 ●保育者と一緒に手遊びやリズムに合わせた遊びを楽しむ。
保育者の援助・配慮	●保育者に甘える、「一人で」とのこだわりを行きつ戻りつしながらも、子ども自身が方向づけするようにじっくりとつきあう。 ●スプーンやフォークの使い方が上手になっているので、食器に手を添えることや一口の量を伝えていく。 ●午睡前後や生活の節目にトイレに誘う。排尿した時には「ちっち出たね」と言葉をかけ、排尿したことを意識できるよう働きかける。

保育者の援助・配慮

● ズボンやパンツを脱いだりはいたりすることを見守り、保育者はさりげなく援助する。

書き方のポイント

自分の衣類がどこにあるのか、一人で出そうとすることなど、経験として大切なことも指導計画に書きましょう。

● 戸外遊びで夢中になっている時は、そばであたたかく見守る。ダンゴムシやカエルを見つけた時の発見や驚きを受け止め、発見の喜びや不思議さに共感する。

● 体を動かしながらうたうことの心地よさや楽しさを体感するように、季節に合った歌（「カエルの歌」「あめふりくまのこ」等）で手遊び、リズム遊びを行う。

● 手遊びなどでは、言葉と動作が一致するようにくり返す。声の質を変える、別の動作を交えるなど変化をつける。

保護者との連携

● 会話によく出てくることや、今、興味のあるものを伝え、家庭でも会話ができるようにする。

● 様々な食材に興味が出ていることを伝える。特に果物の名前を言って好んで食べることを共有する。

● トイレで排尿する様子を伝え、成長を喜び合い、保護者とともに見守る。

4月 5月 **6月** 7月 8月 9月 10月 11月 12月 1月 2月 3月

になちゃんの振り返り

● 「ちぇんちぇ」と呼び、甘えるようになるとともに、保育者の話したことを素早くまねたり、くり返したりして、甘えとおふざけができるようになっている。このように安心して生活していることから、これからも丁寧に関わり信頼関係を深める。

● 利き手は定まっておらず、左右どちらの手でも食具を持ち、食器に手を添えると食べやすいこともわかってきた。時間はかかるが、食べることを楽しめるようになった。

● トイレでの排尿の回数も多くなり、家庭では排便もトイレですることができたとのこと。薄着の季節なので、トイレにタイミングよく誘い、トイレでの排泄を習慣にする。

● 言葉が出るようになったことで、手遊びやリズム遊びをより楽しめるようになった。

6月 個別の計画｜りくとくん（1歳3か月）

子どもの姿

- 園の生活に少しずつ慣れ、5月下旬ごろには、担当保育者による添い寝などで2時間、眠れるようになった。
- 担当保育者でなくても、おむつ交換をしてもらうことができるようになってきた。
- 完了食となり、形のあるものを咀嚼し食べる。コップを手に持ち飲めるようになってきた。手づかみで食べようとするが、口に多く詰め込むことがある。
- 戸外で遊ぶことを好み、保育者と一緒に探索活動を盛んに行う中で、「めんめ」「ばいばい」などの単語も多く出るようになっている。歌や手遊びに興味をもち、保育者がうたうとじっと聞いたり、体を揺らしたり、手を動かしたりして喜んでいる。

ねらい

- 保育者と気持ちが伝わる喜びを感じる。
- スプーンを持って食べることに興味をもつ。
- 保育者と好きな遊びを楽しむとともに、探索活動を存分に楽しむ。
- 保育者と一緒に歌や手遊びを楽しむ。

内容（養護・教育）

- 甘えや思いを受け止められることにより、安心して生活できるようにする。
- こぼしながらもスプーンを持って食べるが、手づかみでも食べる。
- 保育者や友だちのしている遊びに関心をもち、同じ遊びをしようとする。
- 自分のしてほしいことやしたいことを身振りや指さし、喃語、片言で伝えようとする。
- 好きな歌や手遊びを、体を揺らしたり手を動かしたりして、くり返し楽しむ。

保育者の援助・配慮

- 担当保育者が見えるところにいると安心して遊べるが、混乱や緊張感があると担当保育者でなければ落ち着かないので、表情やしぐさから察し、受け止め、安心して過ごせるようにする。
- 午睡の途中で起きた時は、再眠できるように「ここにいるよ」と目を合わせる。
- 自分で食べようとする気持ちを大切にし、時には手を添えてスプーンの持ち方や使い方を丁寧に伝えるが、楽しく食べることを優先する。
- おむつ交換は、歌をうたったり、スキンシップを取ったり楽しい雰囲気で行い、きれいになった心地よさを感じられるようにする。

54

保育者の援助・配慮

- おもちゃや草花などを口に入れようとした時は、口に入れないことをくり返し伝える。また、口に入れたおもちゃは、その都度消毒し、衛生面に留意する。

- 一人で夢中に遊んでいる時は静かに見守り、必要に応じて声かけをしながら楽しんで遊べるようにする。

- 保育者や友だちがしている遊び（砂遊び、段ボール遊び、わらべ歌等）に誘い、一緒に楽しめるようにする。

- 思いや片言で伝えようとしている内容を代弁し、子どもの願いと一致するのか確認し、やりとりを通して楽しみ合う。

- 楽しみながら体を動かすことの心地よさやおもしろさを感じられるように、季節に合った歌（「カエルの歌」「でんでんむし」）や手遊び（「ひげじいさん」「げんこつやまのたぬきさん」）、リズム遊びの機会を設ける。

保護者との連携

- 園生活に慣れ、保育者と一緒に遊んだり、興味のあることは一人で遊び続けられるようになったことを伝える。

- 歩行が増え、行動範囲が広がったことや一語文も少しずつ増え始めたことなど、家庭や園での様子を伝え合い、日々の成長を喜び合う。

4月
5月
6月
7月
8月
9月
10月
11月
12月
1月
2月
3月

りくとんの振り返り

- 体調を崩し欠席が続いたことで、泣いて登園することが多く見られたが、担当保育者が対応することですぐに落ち着いて遊ぶ姿が見られた。また、午前睡をしなくても過ごせるようになっていたが、休み明けは必要になる時もあった。眠くなると自分から布団に横になり、2時間ほど眠れるようになったことで、目覚めてからも心地よく過ごすことができた。担当保育者が意識的に関わることで、安心して登園し一日を過ごせるようにする。

- スプーンに興味をもち、時々スプーンを使って食べるようになった。手づかみよりもスプーンを使ったほうが、適量をすくって食べられる。まずは、自分で食べようとする気持ちを大切にする。

- 砂遊びで保育者が容器で型抜きをすると、食べるまねをしたり手で崩したりをくり返し楽しむ姿や、段ボールの中に入ったり出たりして楽しんでいる。

- 靴をはこうとしたり、帽子をかぶろうとしたりする気持ちを大切にし、子どもなりにできるやり方を伝え、さりげなく援助し丁寧に関わる。

- 「あっぽ（帽子）」「はっぱ（葉っぱ）」「ちょうちょ（蝶）」「こっこ（靴）」などの簡単な単語が増えてきた。保育者とのやりとりを存分に楽しめるようにする。

7月

前月の子どもの姿と振り返り

Scene 1

振り返りにつながる観察記録

- ☑ 戸外遊びが多くなり、ペダルのない三輪車乗りや、友だちをまねて遊びに関わろうとする様子がある。

- ☑ 体温は平熱でも、機嫌が悪く顔色がさえない子どもがいる。戸外に出ても活発には遊ばないので、室内でゆったりと遊ぶ。

観察と対応のポイント

子どもの体調に配慮しつつ、存分に遊べる環境を考えます。

Scene 2

振り返りにつながる観察記録

- ☑ 気温が高い日は、朝夕の涼しい時間帯に戸外遊びをすることで、快適に過ごすことができた。

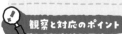

観察と対応のポイント

お昼寝をした後、心地よく活動する子どもの姿をとらえましょう。

- ☑ 必要に応じてエアコンを使用し、心地よくお昼寝し、夕方、涼しくなってから戸外で遊んだ。

6月の振り返り

- 鼻水や咳が出る子が多かったため、保護者と連携し、園でもこまめに体温を計るなど様子や体調に気を配りながら関わり、保育者間でも情報を共有したことで、発熱した時は早めに対応することができた。

- 気温が高い日は、朝や夕方の涼しい時間帯に戸外に出て遊んだり、戸外遊びの時間を短く設定することで快適に楽しむことができた。

- 必要に応じてエアコンを使用したことで、お昼寝もぐっすり眠り、その後の活動も心地よく過ごすことができた。

- 子どもたちの体調がよい時には、「おひさま広場」で押し車やペダルのない三輪車に乗り、思い切り体を動かしたり、中庭で一本橋渡りや砂遊びをしながら戸外遊びを十分楽しむことができた。また、子どもたちが興味を示した草花や虫に保育者も触れる機会を多くもち、一緒に見たり触れたりして楽しむことができた。

7月の保育のねらい

☑ 一人ひとりの健康状態を把握し、暑い夏を快適に過ごせるようにする。

☑ 保育者や友だちと一緒に温水や砂に触れ、感触を味わう。

連続性を踏まえて月案を作成

4月
5月
6月
7月
8月
9月
10月
11月
12月
1月
2月
3月

7月 月案

保育の内容	環境構成
養護（生命の保持・情緒の安定） ●朝の涼しい時間帯に戸外で十分に遊び、その後は休息の時間を設け、体調を整える。 ●休息を十分に取り、汗をかいたら水分補給を行い、こまめに着替えるなど、暑い日を快適に過ごせるようにする。 ●一人ひとりの興味に応じた遊びの中で、保育者と気持ちのやりとりができるようにする。	●気温が高くなる日は、8時から9時半の間に戸外遊びができるように設定する。 ●保育室の温度やエアコンは涼しくなり過ぎないように、室温を27度以下で調節する。 ●水分補給がすぐにできるよう、麦茶とコップを用意しておく。 ●自分でやりたい気持ち（衣服の着脱）を大切にし、自分のペースでできるよう着替えコーナーを設け、ゆっくり着替えられるようにする。 ●畳コーナーやままごとコーナーなどに仕切り、遊び込めるようにする。
教育（健康・人間関係・環境・言葉・表現） ●友だちの姿を見てトイレに行ったり、保育者に誘われてトイレに行き、便座で排尿しようとする。 ●スプーンやフォークを使い楽しんで食事をする。 ●友だちと一緒に砂遊びや泥遊びを楽しむ。 ●温水遊び（シャワー、タライ、ビニールプール）を楽しむ。 ●保育者にくり返し読んでもらいながら絵本（『すいかとらんかねえ』『だーれかな だーれかな』等）を楽しむ。 ●季節の歌をうたったり、リズム遊びをしたりして楽しむ。	●トイレに興味がもてるよう、トイレの壁に子どもが親しみをもつ絵を貼り、なじみやすい雰囲気づくりをする。 ●スプーンとフォークを用意し、給食のメニューによって子どもたちが自分で使いやすいものを選べるようにする。 ●砂場にはテント、温水遊びの場には遮光ネットを利用して直射日光が当たらないようにする。 ●砂場用品や水のほかに、足拭き、石けんなど、準備や片づけに必要な用品を準備する。 ●深さは20cm、幅は60cmほどのタライを用意し、水位が深くならないように設定する。 ●温水でも水がかかるのを嫌がる子のために、ベランダに空タライを置き、遊べるようにする。 ●絵本棚には読み聞かせをした絵本と、子どもが興味をもっている絵本を置き、表紙を向けて取り出しやすいようにする。 ●子どもたちが好きな歌（「犬のおまわりさん」）を準備したり、子どもたちが体を動かしやすいリズム遊びの曲を準備する。

> **書き方のポイント**
>
> 体に冷たい水がかかることに慣れていない1歳児には、少しぬるめの温水にしたという配慮は大切です。

保育のねらい

☑一人ひとりの健康状態を把握し、暑い夏を快適に過ごせるようにする。

☑保育者や友だちと一緒に温水や砂に触れ、感触を味わう。

援助・配慮事項

● 熱中症予防のため、戸外へ出る時は必ず帽子をかぶり、日なただけで遊んでいる時には、日陰に誘う。

● のどの渇きとおいしいという体感が結びつくようタイミングよく飲めるようにする。

● 一人ではいたり着たりしようとしている時は、そっと見守りながらもさりげなく援助し、一人でできたことを感じられるようにする。

● 特定の保育者へのこだわりは少なくなるが、目や手をかけてほしがる子もいる。特にトラブルの場面では、子どもの気持ちを受け止め共感する。

● やり取りがうまくいかない時には、互いの気持ちを受け止めて、代弁しながら他児の思いに触れる機会とする。

● 一人ひとりの排尿間隔に合わせてトイレに誘い、便座に座ることに慣れるようにする。短時間で切り上げ、遊びの妨げにならないようにする。

● スプーンの持ち方を伝えながら、口に入れる向きなどによってすくいやすいようスプーンに手を添えて援助する。

● 戸外遊びや温水遊びが多くなるため、事前の安全管理（危険物がないか、水温、水深の確認）や衛生管理（シャワー室の清掃、消毒液の確認）を行う。

● 温水遊びでは転倒しないよう必ず保育者がそばにつき、危険のないようにする。また、水を怖がる子どもには、顔にかからないように気をつけて遊ぶなどし、少しずつ慣れていけるようにする。保育者も一緒に遊んで楽しさを共有していく。

● 保育者と一緒に温水遊びをしている友だちの様子を見たり、自由にさわったりして、少しずつ温水に慣れるようにする。

● 絵本を読む際は、子どもの表情や視線に応えながら、はっきりした口調で、時には間をおいてゆっくり読み進める。

● 保育者も一緒にうたったり踊ったりすることを楽しみ、体を動かす楽しさを共有する。

個別の計画へ

👤 職員の連携

● シャワーや温水遊びが安全に行えるように、外に出る保育者と室内に残る保育者を決め、遊びの前後は必ず人数の確認を行う。

● 一人ひとりの体調をよく把握し、温水遊びでの衛生面や安全面、温水遊びができない子の確認を保育者間で共有する。

● 一人ひとりの興味や好きな遊びを共通理解し、個々に合った援助ができるようにする。

👫 保護者との連携

● 暑さなどで体調を崩していないか、健康状態をこまめに伝え合う。

● 温水遊びのチェック表の記入や、温水遊びやシャワーで使うタオルなど必要なものをおたよりで知らせ、協力してもらう。

● 夏に多い感染症について知らせ、体調の変化が見られた時には、早めの受診をすすめる。

4月
5月
6月
7月
8月
9月
10月
11月
12月
1月
2月
3月

振り返り

● 戸外で汗をかいて遊んだ後は、シャワーを浴びることで気持ちよく生活することができた。また、水分補給については、こまめに麦茶を飲むようにしたり、蒸し暑い日は戸外遊びの時間を30分以内に設定し、その後はホールで過ごすようにしたことで、前半は元気に過ごすことができた。しかし、後半は手足口病が流行し、感染症に留意してきたつもりだが、子どもたちからの飛沫感染を防ぐ難しさを感じた。

● 温水遊びに子どもが少しずつ慣れるようにタライのまわりにジョウロやペットボトルの手作りおもちゃを用意し、裸足で遊んだりしたことで、子どもたちは自らタライに入ったり、おもちゃで楽しく遊ぶことができた。

● 毎日の読み聞かせは子どもたちが楽しみにしている時間で、一緒に語尾やセリフを言うなどずいぶん言葉が出てきている。今の関わりが言葉の獲得につながるので、丁寧に関わっていきたい。

7月 個別の計画 ｜ になちゃん （2歳1か月）

子どもの姿

- 便秘気味の日が続き、すっきりしない日は機嫌が悪い。

- 自分の意思がはっきりしてきたので、トイレでの排泄も「いや！」と拒むことが多くトイレに行くのを嫌がる。生活や遊びのイメージが壊されると感じている。

- あいさつや自分の名前を言い、見立て・つもり遊びの中で思ったことを言葉で伝えようとする。

- 木製パズルに興味をもち、果物などの名前を言いながら一つひとつピースをはめて楽しむ。お気に入りの絵本を毎日読んでもらうことも楽しみにしている。

ねらい

- 「いや」や「○○したい」という子どもの思いをくみとり、安心して過ごせるようにする。

- トイレで排泄することに慣れる。

- 保育者と一緒に夏の遊びを楽しむ。

- 思いを簡単な言葉で伝えようとし、保育者とのやりとりを楽しむ。

内容（養護・教育）

- 「今はいや」「ああしたい」などの思いをありのままに出し、伝わっていると感じ、安心して生活できるようにする。

- 遊びが一区切りついたところで、タイミングよくトイレに誘い、排尿する。

- ズボン、パンツを脱ぎ、はこうとする。

- 保育者と一緒に温水に触れ、温水遊びやシャワーに慣れる。

- 絵本やパズル遊び、ごっこ遊びの中で言葉のやりとりを楽しむ。

保育者の援助・配慮

- 水分を十分にとり、おなかをマッサージし、便通をよくする。

- 子どもの「いや」「ああしたい」「こうしたい」という思いに、どのようにすれば子どもの願いに添えるのか、様々な提案、やりとりをする。

- 脱いだズボンやパンツは、子どもがはきやすい、またわかりやすい向きにして置く。

- 表情やしぐさから伝えたい気持ちを察するようにする。子どもの言葉をまねて一緒に言ったり、わかりやすい言葉でやりとりをしたりし、楽しい雰囲気の中で話す喜びを味わえるようにする。

<table>
<tr><td rowspan="1">保育者の援助・配慮</td><td>

- 排尿間隔を把握し、遊びの妨げにならないようにトイレに誘う。拒んだ時は、「いつにしようかなあ」などと、行こうとする気持ちが子どもに湧きおこるように誘う。
- タイミングよく排泄できた時は、気持ちのよさを一緒に喜ぶ。
- 小さめのタライを用意し、まずは少量の温水で手足をぬらし、徐々に温水が気持ちよいと感じられるようにする。タライにおもちゃも入れる。
- 好きな絵本を「読んで」とくり返し求めるので、十分に満足するまで読み、子どもの中から湧きおこる思いや言葉のやりとりを楽しみ合う。

</td></tr>
</table>

- 4月
- 5月
- 6月
- **7月**
- 8月
- 9月
- 10月
- 11月
- 12月
- 1月
- 2月
- 3月

保護者との連携

- トイレに誘うタイミングを伝え合う。拒む場合は理由があるので、思いを受け止めることでトイレトレーニングがスムーズにできるように連携する。
- 絵本やパズルなどに興味をもち、気づきや興味、関心のあることを伝えたいという思いが言葉として出てきたことを詳しく伝え、子どもの育ちを喜び合う。
- 温水遊びの可否など、体調面に合わせて行えるように連絡を密に取り、温水遊びの様子を伝える。
- 園での排便の有無を伝え、浣腸の使用の判断の目安としてもらう。

になちゃんの振り返り

- 思いを伝えたがっている時は、言葉にならない思いを保育者が代弁することで、伝わったという安心感につながっている。また、ぼんやりしていた思いがはっきりした言葉になることで、語彙数も増えてきた。

- トイレでの排泄を嫌がることが多かったが、時には気持ちが向く日もあったので、一緒にトイレに行き見守るようにした。その日・その時の気分や遊びなどにより、行く・行かないがあるが、子ども自身の排尿のタイミングに合わせ、トレーニングを継続する。
- 温水やシャワー遊びが楽しく、区切りをつけるのに時間がかかったが、十分に楽しむことで食欲も増し、体調を崩すことなく機嫌よく過ごすことにつながった。
- お気に入りの絵本を持ってきて、毎日読み聞かせを楽しんだ。絵本のくり返しの言葉などを言うことで、話すことの楽しさを味わっていた。

7月 個別の計画｜りくとくん（1歳4か月）

子どもの姿

- 6月からクラスに入った保育者に人見知りをし、まだなじめず、担当保育者を後追いする。
- スプーンに食べられる量をすくい、こぼしながらも一人で食べる。手づかみで食べる時のようにむせることはなくなってきた。
- 一人で歩くことを好み、戸外では虫や草花を見つけ、じっと見る。また、手に取り集めて楽しんでいる。
- 靴や帽子の用途がわかり、自分ではこうと靴に足を入れ、帽子をかぶろうとする。
- 「こっこ（靴）」「あっぽ（帽子）」と言って外に出たいという意思を示し、気づいたことやほしいことを「はっぱ（葉っぱ）」「めんめ」など、名前を言って伝える。
- リズミカルな音楽が流れると、体を揺らし、保育者と一緒に手を動かし、楽しんでいる。

ねらい

- 担当保育者の見守りの中で、好きな遊びを楽しめるようにする。
- こぼしながらもスプーンやフォークを使って食べる。
- 保育者と一緒に、夏ならではの遊び（温水遊び等）を楽しむ。
- 自分の気持ちを片言や身振りで伝える。

内容（養護・教育）

- 担当へのこだわりを受け止め、よりどころとなり、少しづつに離れても安心して遊べるようにする。
- スプーンやフォークを持って一人で食べることを楽しみ、満足感を味わう。
- 保育者や友だちと、砂や温水の感触を楽しむ。
- 片言や身振りや指さしで保育者と言葉のやりとりを楽しむ。

保育者の援助・配慮

- 担当保育者は、子どものそばを離れる時には、どこに行き、いつ戻ってくるのか、わかるように伝えて安心できるようにする。
- 食べたい気持ちが優先しスプーンやフォークをスムーズに使えない時は、さりげなく手を添え握り方を援助するが、手づかみ食べでも一人で食べる満足感を味わえるようにする。
- 立ち止まって虫や草花を見たり触れたりなど、存分に探索できるように、子どものペースに合わせてゆっくり歩く。

保育者の援助・配慮

- 段差や斜面などではまだバランスを取りにくいため、一人で登る・降りるなどを安全に体験できるようにそばにつき、必要な時に支える。

- 砂や小さい石などを口に入れないように見守り、食べられないものであることを伝える。

- 砂遊びやままごと遊びで、シャベルやスプーンを持って食べるしぐさをする。手指の発達を促す機会につながることから、遊び用品の準備などを工夫する。

- 水遊びは 25℃以上の温水とし、抵抗なく自然に遊べるようにする。ミストや一人用の小さなタライ、おもちゃ（スポンジの魚、小さなペットボトル等）を準備する。

- 温水遊びは初めての経験なので、担当保育者と一緒に温水に触れ、徐々に水（温水）の感触に慣れ、気持ちよさを感じられるようにする。

- 指さしや片言で伝えようとしていることを、言葉にして伝えたり、補ったりしてやりとりを楽しめるようにする。

保護者との連携

- 水（温水）遊びについて準備物を知らせるとともに、新しい経験を無理せず進めることやその進み具合、体調、楽しく遊ぶ様子などを伝える。

- 食具を使って一人で食べることで、子どもが味わっている満足感を代弁して伝える。食材の形態や好み、食事のペースなども具体的に伝え共有する。

りくとくんの振り返り

- 体調を崩し休むことが多かったが、登園時は、担当保育者を見つけ笑顔で走り寄ってくるようになった。担当保育者との関係が確立したと思われる。また、中旬より新しい保育者にもなじんで遊べるようになる。

- こぼしながらも、手づかみ食べやスプーンなどで食べる。スプーンを持って食べることが身についてきている。

- 温水に触れることに初め抵抗を示していたが、担当保育者がそばにいることで、安心して楽しむことができるようになった。新たな体験に戸惑うことがあるので、引き続き、担当保育者が一緒にいることで、無理なく楽しめるようにする。

- 手指に力が入るようになり、砂や小石をつまみ、投げたりして遊ぶ。食べられるものと食べられないものの区別がつかず、砂を口に入れようとするため、今後も引き続き見守り、くり返し伝える。

8月

前月の子どもの姿と振り返り

Scene 1

振り返りにつながる観察記録

☑ 蒸し暑い日は戸外遊びの時間を短くし、汗をかいた後は水分補給をしっかり行った。

☑ 温水遊びでは、腰やおなかにかかっても冷たく感じない温度にすると、お風呂で遊んでいるように楽しんでいた。

観察と対応のポイント
夏に流行する感染症には十分、留意します。

Scene 2

振り返りにつながる観察記録

☑ 同じ本を読んでとせがむので、何回も読むと、保育者をまねたり、くり返しの言葉のやりとりをしたり、絵本の世界を体験していた。

観察と対応のポイント
言葉や会話のやりとりの機会が増えている様子をとらえます。

☑ ごっこ遊びや模倣遊びで子ども同士の言葉のやりとりが盛んになってきた。大人の行動もよく見てまねていた。

7月の振り返り

- 戸外で汗をかいて遊んだ後は、シャワーを浴びることで気持ちよく生活することができた。また、水分補給については、こまめに麦茶を飲むようにしたり、蒸し暑い日は戸外遊びの時間を30分以内に設定し、その後はホールで過ごすようにしたことで、前半は元気に過ごすことができた。しかし、後半は手足口病が流行し、感染症に留意してきたつもりだが、子どもたちからの飛沫感染を防ぐ難しさを感じた。

- 温水遊びに子どもが少しずつ慣れるようにタライのまわりにジョウロやペットボトルの手づくりおもちゃを用意し、裸足で遊んだりしたことで、子どもたちは自らタライに入ったり、おもちゃで楽しく遊ぶことができた。

- 毎日の読み聞かせは子どもたちが楽しみにしている時間で、一緒に語尾やセリフを言うなどずいぶん言葉が出てきている。今の関わりが言葉の獲得につながるので、丁寧に関わっていきたい。

8月の保育のねらい

☑夏季の健康状態を把握して衛生面に留意し、快適に過ごせるようにする。

☑保育者や友だちと一緒に温水や砂に触れ、感触を味わいながら遊びを楽しむ。

連続性を
踏まえて
月案を作成

4月
5月
6月
7月
8月
9月
10月
11月
12月
1月
2月
3月

65

8月 月案

7月の子どもの姿

● 月末に感染症が流行し、体調を崩す子が多かった。
● 戸外遊びの後や食事の前に手を洗う、トイレに誘うと嫌がらずに排泄するなど、生活の見通しがもてるようになっている。
● 温水遊びの気持ちよさに気づき、自分から温水を浴びて楽しめるようになってきた。

	保育の内容	環境構成
養護（生命の保持・情緒の安定）	● 汗を拭いたり、十分な休息や水分補給を行い、快適に過ごせるようにする。	● 一人ひとりのタオルや着替え、おむつをそろえて置き、シャワーの後は子どもの着替えがスムーズにできるようにする。 ● 水分補給がすぐにできるように、麦茶やコップの用意をする。
	● 戸外で遊ぶ際は、帽子をかぶる、遊んだ後は十分な休息をとり、水分補給をしっかり行って、熱中症予防に努める。	● 戸外では直射日光を避け、遮光ネットの下で遊べるようにする。 ● 気温が高くなる日は、8時から9時半の間に戸外遊びができるように設定する。
	● 模倣や見立て遊びが盛んになるので、保育者と目線が合い受け止められていると体感できるようにする。	● 遊びに集中できるスペースをつくり、保育者も一緒に遊びながら一人ひとりの子どもの思いや興味に寄り添い、思いをくみ取る。
教育（健康・人間関係・環境・言葉・表現）	● 食材の名前を言ったり、子ども同士のやり取りを楽しんだりして食べようとする。	● 一人ひとりとの会話を楽しめるように、4人ほどの少人数で食べるようにテーブルの設定を行う。
	● 保育者に誘われて、トイレで排泄しようとする。	● トイレへの興味、排泄に対する関心や戸惑いを受け止めながら誘い、保育者もそばで見守り安心して排泄ができるようにする。
	● 保育者や友だちと一緒に遊ぶ。	● ごっこ遊びややり取り遊びが自然に楽しめるように、コーナーにおもちゃなどをそろえておく。
	● 温水遊び（シャワー、タライ、ビニールプール）を楽しむ。 ● 水、砂などの自然物に興味をもち、感触を味わう。	● 危険物がないか、水温（25度以上）、水深（10cm）の確認や、シャワー室の清掃、消毒液の確認を行う。 ● 水を日なたに置いて温水になるようにしておく。また、水温が上がらない時はお湯を足し、25度以上になるようにする。 ● タライやジョウロ、ペットボトル、手作りおもちゃなどを、子どもたちが取り出しやすい場所に設置する。
	● 好きな絵本を見て、簡単な言葉のやり取りを楽しむ。	● 手に取れる場所に絵本を準備し、興味をもてるようにする。
	● 保育者や友だちと一緒に歌をうたったり、体を動かすことを楽しむ。	● 子どもたちの聞きなれた曲（「きらきら星」「三ツ矢サイダー」）やCD（「ドラえもん音頭」）を準備する。

書き方のポイント

どのようにすると子どもが取り出せるのかを具体的に示します。水遊びにおける安全への配慮は大切です。環境設定は、共通理解ができるようにします。

保育のねらい

- ☑ 夏季の健康状態を把握して衛生面に留意し、快適に過ごせるようにする。
- ☑ 保育者や友だちと一緒に温水や砂に触れ、感触を味わいながら遊びを楽しむ。

援助・配慮事項

- 服を着脱しやすいようにズボンを並べてはきやすくする。時には、さりげなく手伝うことで、子どもが「自分でできた」という気持ちが感じられるようにする。

- 子どもたちが遊んでいる妨げにならないような声かけをする。のどの渇きは訴えないので、随時飲むように促す。

- 日なたにはミストを準備して体感温度が下がるようにし、心地よい涼しさが感じられるようにする。

- 一人ひとりの生活の記録から、体温や睡眠時間を見て体調を把握し、機嫌の悪い時や体調が悪い時は室内で過ごせるようにする。

- 友だちへの関心が高まり、笑いかけたり、片言で話しかける姿を見守り、思いが伝わりきらない時は保育者が代弁するなどして友だちとの関わりの橋渡しをする。

- 野菜を食べる時に野菜の名前を伝えることで、子ども同士のやり取りを楽しみ、いろいろな食材に興味をもち、楽しいひとときであるようにする。

- 排泄した時は一緒に喜び、トイレで排泄する心地よさを体感し、伝えるなど、次の意欲につながるようにする。

- 必要に応じて保育者も入るが、子どもの中から浮かび上がるイメージを大切にする。

- 職員の立ち位置をしっかり確認し、安全に温水遊びができるようにする。また、子どもの気持ちに合わせて過ごせるよう、職員の配置を室内と室外に分けて連携する。

- 水遊びの水を飲まないよう、目を離さない。

- 温水遊びが苦手な子どももいるので、他児の遊ぶ様子を見たり、ゆったりと遊べるような工夫をする。

- 読み聞かせを毎日行い、絵本の言葉をくり返したり、いろいろな絵本を楽しめるようにする。

- 音楽をかけて保育者や友だちと一緒に夏祭りの盆踊りを踊ったり、歌をうたったりして楽しめるようにする。

職員の連携

- 一人ひとりの体調を把握し、個々に合わせた活動ができるよう共通理解をする。

- 温水遊びの準備や活動の手順、役割分担を決め、保育者の立ち位置を確認し、危険のないようにする。

- 身のまわりのことを自分でしようとする子もいる。一人ひとりの発達段階に合わせた関わりができるようにする。

保護者との連携

- 朝の受け入れ時の健康観察を丁寧に行い、暑さなどで体調を崩していないかなど健康状態をこまめに伝え合う。

- 汗や水遊びなどで着替える機会が増えるため、衣服を多めに準備してもらう。

- 夏季の感染症について共有し、症状が見られたら早めの対応をする。

振り返り

- お盆休み明けは、生活リズムが崩れた子や疲れが見られるような子は午前寝をしたり、室内でゆっくり過ごしたりすることで、少しずつ生活リズムを整えながら快適に過ごすことができた。

- タライを多め（10個）に準備し、一人でゆったりと遊び十分に楽しめるようにしたことで、大きなビニールプールを出した時に興味を示して入ることができた。また、温水を使ったことで子どもたちは抵抗なく慣れることができ、1歳児には温水が適していると考えた。

- 保育者の立ち位置や人数を確認しながら進めたことで、危険な場面もなく楽しく温水遊びを行うことができた。また、遮光ネットやミストを設置し熱中症対策をしたことで、体力を消耗せず気持ちよく遊ぶことができた。

- 食べた後の手拭きや口拭きを自分で行い、拭いたおしぼりを洗い場まで持っていける子が増えてきた。「自分でしたい」という気持ちをこれからも大切に関わっていきたい。

個別の計画へ

4月
5月
6月
7月
8月
9月
10月
11月
12月
1月
2月
3月

8月 個別の計画｜になちゃん（2歳2か月）

子どもの姿

- 午後の午睡が定着し、早起きの日でも午前中、存分に遊べるようになってきた。
- 生活の流れの中で、食前・食後、遊んだ後など、手洗いを行い、おしぼりを洗い場まで自分で持っていくようになった。
- フォークやスプーンを使って、こぼしながらも食べられるようになっている。
- トイレで排尿をすることが多くなってきたが、遊びの途中で誘われると拒み、「あとで」と意志表示する。
- 手作りの魚やペットボトルのシャワーを使い、温水遊びを楽しんでいる。
- 「見て」「やめろー」「なんで？」など気持ちを言う。保育者が話をするとじっと聞いて理解する。

ねらい

- 身のまわりのことを、自分でしようとする。
- 食具を使い、一人で最後まで食べるようになる。
- トイレで、排尿・排便をしようとする。
- 保育者や友だちと一緒に、温水遊びを楽しむ。
- 自分の思いを簡単な言葉で表現する。

内容（養護・教育）

- ズボンや服を持ってくる、おしぼりを片づけるなど、自分のことをしようとする。
- 食器に手を添え、スプーンやフォークを使い、適量をすくって食べきる。
- パンツやズボンを脱げた時、手洗いができた時など、一人でできたことの満足感をともに喜ぶ。
- 尿意・便意をもよおした時は、保育者にしぐさや言葉で伝える。
- 温水をすくったり、おもちゃを使って温水を移し替えたりして楽しむ。
- ごっこ遊びや読み聞かせで、保育者や友だちと言葉のやりとりを楽しむ。

保育者の援助・配慮

- 温水遊びの前後を着脱の機会とし、友だちと一緒に脱いだり、着たりすることも遊びの一つととらえ、励ましたりほめたりして楽しめるようにする。
- 自分で「はいてみたい」「着てみたい」との願いがごっこ遊びで体験できるように、ままごとなど遊びにスカートなど興味のあるものを用意する。

保育者の援助・配慮

● トイレで排泄することに気持ちが向けられない時は、子どもの興味を優先し、トイレに行こうとするのを待っているよとメッセージだけ伝えておく。トイレで排泄した時は一緒に喜び、自信につなげる。

● 温水遊びに慣れてきたので、タライより少し大きいビニールプールを用意する。友だちと一緒にミストの下をくぐる、おもちゃを使って遊ぶなど、思い切り温水遊びを楽しめるようにする。

書き方のポイント

温水遊びもタライの大きさを替えたり、ミストシャワーにするなど、子どもが水の魅力や不思議さを体験できるように工夫することを具体的に示しましょう。

● 伝えようとする意図を代弁し、表情や言葉でのやりとりが子どもの意図に添うようにする。話したい気持ちを育てる。

● 保育者や友だちとの言葉のやりとりが子どもの意図に添うように、必要に応じて言葉を補足するなど仲立ちをする。

保護者との連携

● 暑さで疲れが出やすい時期であるため、家庭での食欲や睡眠、機嫌などを登園時に聞き取り、一日の生活と遊びを考える。

● 衣服の着脱など身のまわりのことをする姿や、保育者や友だちとやりとりする姿などを喜び合う。また、家庭での様子も聞きながら、子どもを励ましたり、認めたりする言葉がけの大切さを確認し合う。

4 月
5 月
6 月
7 月
8 月
9 月
10 月
11 月
12 月
1 月
2 月
3 月

になちゃんの振り返り

● 遊びの中でスカートをはくのがブームとなったことで、トイレの際の着脱も自分でしてみようとする姿が多くなった。「自分で」の気持ちが増してきたことをチャンスととらえ関わる。

● 生活の節目や温水遊びの前にトイレに誘い、排尿できた時に一緒に喜び合ったことで意欲的にトイレに行くようになった。おむつを汚すことはなくなったので、布パンツに移行する。

● 温水遊びの楽しさを知り、シャワーに自ら頭を近づけたり、ビニールプールで温水を浴びたり、思い切り楽しむことができた。

● 言葉をやりとりし、気持ちを受け入れ代弁を重ねたことで、二語文になり、会話を楽しめるようになってきた。

8月 個別の計画 りくとくん （1歳5か月）

| 子どもの姿 | ●午睡の時、自分の布団を見つけて喜んで横になる。
●保育者の手遊びや歌をまねたり、絵本を読んでほしいと要求するようにする。
●こぼしながらも手づかみやスプーン・フォークを使って一人で食べる。
●担当保育者と一緒であると安心し、一人用のタライに手を入れ、水の感触や音を楽しむ。
●赤色のものやおもちゃを見つけると、「赤」と言って、選んで使う。
●靴下入れのケースや下足置き場から自分のものを探して持ってくる。 |

| ねらい | ●保育者に意図や願いを受け止めてもらい、楽しく遊べるようにする。
●一人で食べられる満足感を味わうとともに、様々な食材の味に慣れる。
●保育者や友だちと一緒に、温水遊びを楽しむ。
●保育者や友だちと簡単な言葉でのやりとりを楽しむ。 |

| 内容（養護・教育） | ●担当保育者を基点とし、徐々に新しい保育者にもなじんでいくように関わりを工夫する。
●楽しい食事の雰囲気の中で食べることで、新たな食材を自然に食べられるようになる。
●保育者と一緒に、温水遊びの気持ちよさを味わい楽しむ。
●興味のある絵本を見ながら、簡単な言葉のくり返しや模倣を楽しむ。 |

| 保育者の援助・配慮 | ●思いどおりにいかない時や甘えたい時は、その都度気持ちを受け止め、共感することで安心して生活できるようにする。
●まわりの友だちが「うれしい」「おいしい」などを言葉にして食べる姿を見て刺激を受け、食べてみようという気持ちが湧き起こるように、4人ほどの少人数で食べるようにする。
●一人で食べようとする姿を見守り、ほめ、励ます。スプーンですくえない時は、さりげなく手を添えて援助し、自分で食べたという満足感を味わえるようにする。
●子どもの興味の趣くままに水をたたく、かき回すなど自分のペースで遊べるように一人用のタライを用意する。気持ちよさや不思議さなどに共感する。
●友だちに関心があり、遊びの中で保育者が友だちの名前を呼んだり、言葉のやりとりをしたり、楽しそうだと感じられるようにする。 |

保育者の援助・配慮

- 手作りおもちゃでの指先を動かす遊び（ポットン遊び、ペットボトルにチェーンを入れる、手作り積み木等）を、保育者と一緒に行い、次第に一人でも楽しめるようにする。
- 集中して遊んでいる時は、他児の刺激で遊びが中断されないように保育者の立ち位置や他児への声かけを工夫し、仕切りをして、満足して遊べるようにする。
- 子どもの遊びは見守るが、欲求にはタイミングよく応じ、楽しさに共感する。
- 友だちへ関わろうと、笑いかけ片言で話しかけようとしているのを見守り、伝わりづらい時は、保育者が代弁するなどして友だちと関わることを楽しめるようにする。
- 絵本の読み聞かせの時は、言葉のおもしろさや発語することの楽しさを感じられるようにする。
- 絵本や手遊びは、興味を示すようなまねのしやすいものを選び、簡単な言葉のやりとりをしたり、一緒に模倣したりして表現する楽しさを感じられるようにする。

保護者との連携

- 暑さからくる疲れが出やすい時季のため、園や家庭での体調や表情などを保護者と共有する。
- 毎日の生活の中で、片言や指さしで保育者とやりとりしている様子を詳しく伝え、家庭での様子も聞き、子どもの育ちに共感し合う。
- 生活の流れが少しずつわかり、外に出る時、靴をはくなど、自分のものを持ってくるようになったので、持ち物の目印があると覚えやすいと伝える。

りくとくんの振り返り

- 新しい保育者にも、靴をはかせてほしい時や、友だちからおもちゃを取られた時など、拒んだり、欲しいと要求するようになった。また、同じクラスの友だちにも興味をもち始め、言いやすい友だちの名前を言うようになり、指さしや話しかけるような姿も見られる。まだ言葉で伝えられないため、保育者が仲立ちとなり互いの思いを代弁し、友だちとの関わりを大切にする。
- 食べたくない野菜や料理もあったが、保育者や友だちと一緒の楽しい雰囲気の中で、つられておいしそうに食べる姿が見られた。食事面では、特に「自分で」の気持ちが強くなり、食具を持って食べることに満足している。

- 喜んで温水遊びに向かい、一人用のタライに入り、水しぶきが頭にかかっても平気で、温水遊びの楽しさを味わうことができた。
- 絵本や手遊びが大好きで、保育者に要求し、簡単な言葉や手遊びを喜び、くり返しまねて楽しむ姿が見られる。まだはっきり聞き取れる言葉は少ないが、指さしや片言で伝えようとする思いを受け止め、言葉をまねて言う楽しさを感じられるように関わる。

4月
5月
6月
7月
8月
9月
10月
11月
12月
1月
2月
3月

9月

前月の子どもの姿と振り返り

Scene 1

振り返りにつながる観察記録

☑ お盆休み明けは生活リズムを崩す子も見られ、適宜、休憩をとりながら、ゆっくりと過ごした。

☑ 戸外で遊んでいる時、麦茶を出すとごくごくと飲み、「あーっ」と満足そうな顔をしてまた遊びの続きを楽しんだ。

観察と対応のポイント

一人ひとりの体調の変化に気を配り、少しずつリズムを整えます。

Scene 2

振り返りにつながる観察記録

☑ 大きなビニールプールに入り、顔に水をかけたり、おもちゃを使ったりして、友だちと一緒に温水遊びを楽しむことができた。

観察と対応のポイント

「自分でしたい」と思い始めた子どもの気持ちを大切にとらえましょう。

☑ 生活面では、スプーンやフォークを持って食べようとする姿や、おしぼりの片づけを手伝う姿が見られるようになった。

8月の振り返り

- お盆休み明けは、生活リズムが崩れた子や疲れが見られるような子は午前寝をしたり、室内でゆっくり過ごしたりすることで、少しずつ生活リズムを整えながら快適に過ごすことができた。

- タライを多め（10個）に準備し、一人でゆったりと遊び十分に楽しめるようにしたことで、大きなビニールプールを出した時に興味を示して入ることができた。また、温水を使ったことで子どもたちは抵抗なく慣れることができ、1歳児には温水が適していると感じた。

- 保育者の立ち位置や人数を確認しながら進めたことで、危険な場面もなく楽しく温水遊びを行うことができた。また、遮光ネットやミストを設置し熱中症対策をしたことで、体力を消耗せず気持ちよく遊ぶことができた。

- 食べた後の手拭きや口拭きを自分で行い、拭いたおしぼりを洗い場まで持っていける子が増えてきた。「自分でしたい」という気持ちをこれからも大切に関わっていきたい。

9月の保育のねらい

☑ 気温や体調の変化に留意し、健康に過ごせるようにする。

☑ 室内や室外を探索し、様々な遊びを通して十分に体を動かす。

☑ （低月齢）生活の中の身のまわりのことに興味をもち、保育者と一緒にやってみようとする。

☑ （高月齢）生活の中の身のまわりのことに興味をもち、自分でやってみようとする気持ちをもつ。

連続性を踏まえて月案を作成

4月
5月
6月
7月
8月
9月
10月
11月
12月
1月
2月
3月

9月 月案

- 手づかみやスプーン・フォークを持って食べようとする。「自分で食べたい」「自分でしたい」という気持ちが生活の場面で多く見られるようになる。

- 温水遊びでは、タライやビニールプールに近づき水にさわることから次第に、おもちゃを使って楽しむようになってきた。

保育の内容	環境構成
養護（生命の保持・情緒の安定）	
● 健康状態に留意して、朝夕の温度差に合わせてこまめに衣服の調節をする。	● 一日の気温の変化を天気予報などで確認しておく。 ● 気温に応じて衣服を調節し、戸外へ出る。
● 気温差がある時期なので、日差しが強い時は戸外ではテントを使用し、室内では室温、湿度の調節する。 ● 水分補給をして快適に過ごせるようにする。	● 麦茶と子どものコップを保育室に備え、随時飲めるようにする。 ● 風を通して室温調節をする、衣服の調節を行うなど、心地よく過ごせるようにする。 ● 戸外へ出る際に靴をはく場所が混雑しないよう、時間差をつけてゆっくり外に出るようにする。
● 表情やしぐさ、言葉で伝えようとする気持ちを受け止め、保育者が子どもの思いを言葉にして応えることで、伝わる喜びが味わえるようにする。	● 応答的なふれあいや言葉がけを行い、子どもの欲求に応える。
教育（健康・人間関係・環境・言葉・表現）	
● おむつに排泄したことを知らせる。保育者の誘いでトイレで排泄する。	● 尿をもらし床が濡れてもすぐに対応できるように、清掃用品と消毒セットを準備しておく。
● ズボンや靴下、靴の着脱に興味をもち、保育者と一緒にやってみようとする。	● ズボンがはきやすいように、腰掛けるいすを用意する。ズボンに足を通しやすいように並べておく。 ● ままごとコーナーにシュシュやスカートを準備し、遊びの中で手足を動かすことを取り入れ、くり返し楽しめるようにする。
● 保育者や友だちと一緒に歩いたり、追いかけっこをして楽しむ。ハニートンネルをくぐる、低い坂を上り下りする、ジャンプするなど、全身を使った遊びを楽しむ。	● 様々な動きが楽しめるように遊具（ハニートンネル、トランポリン、高さの低いコンテナ、渡りやすい幅のある板等）を準備し、チャレンジしてみたくなるよう設定する。
● 絵本の世界に入り込み、「いや」「もっと」など自分の気持ちを表して保育者とのやり取りを楽しむ。	● 子どもたちの興味・関心に合った絵本や、くり返しの言葉や簡単な言葉のやり取りが楽しめるような絵本（「だるまさんシリーズ」「くだもの」等）を準備し、自分で選べるような場所に準備する。
● 音楽（「ドラえもん音頭」「パプリカ」「フルフル・フルーツ」等）に合わせて踊ることを楽しむ。	● 子どもの好きな曲のCDを準備しておく。

書き方のポイント

子どもが自分で取り組みやすく、「じぶんで」できる環境を記しています。

保育のねらい

☑ 気温や体調の変化に留意し、健康に過ごせるようにする。

☑ 室内や室外を探索し、様々な遊びを通して十分に体を動かす。

援助・配慮事項

● 残暑で体調が崩れやすいので、食事や睡眠の様子、顔色など一人ひとりの健康状態を把握し、小さな変化にも気を配り、対応する。

● 体調や活動量に応じて着替えたり、汗ばんでいる時にはシャワーを浴びて気持ちよく過ごせるようにする。

● 靴を自分ではいてみようとする気持ちを大切にしながらも、「できない」「して」などと要求してきた時には、言葉を添えて靴の向きを整えたり、かかとを持ったりして子どもがはきやすいよう支援する。

● 子どもが遊ぶ様子を見守り、自己主張やおもちゃの取り合いなどから起こるトラブルの際には、互いの気持ちを受け止め、代弁しながら思いの橋渡しをしていく。

● 個々の排尿を把握し、タイミングを見てトイレに誘う。間に合わず、おもらしをしても「大丈夫だよ」と安心するように言う。

● 足を通したり、ズボンをあげる時はさりげなく援助したり励ましたりする。遊びの中で着脱ごっこ遊びができるような雰囲気をつくる。

● 子どものやりたい気持ちや、走る、のぼる、くぐるなど、体を動かすことを喜んで遊べるようにする。

● 子どもの動きを予測し、伴走したり寄り添ったり両手を広げて待ったりと、危険のないようにそばで見守る。

● 子どもの思いをくみとり、保育者が言葉にして伝えることでやり取りが楽しめるようにする。

● 子どもの要求に応えながら、絵本を見る楽しさや言葉をくり返すおもしろさを味わえるようにする。

● 運動会で行う体操の曲や子どもの好きな曲を選び、保育者も一緒に踊りながらリズムに合わせて体を動かす楽しさを伝える。

個別の計画へ

職員の連携

● 子ども同士のぶつかり合いが多くなるが、自立の第一歩として肯定的にとらえることを確認し合い、援助の仕方や保護者への対応の仕方について話し合う。

● 歩行がしっかりしてきたことで、行動範囲が広がってきた。子ども一人ひとりを確認しながら保育者の立ち位置を確認する。担任だけでは見られない時は、ほかのクラスの保育者と連携して安全を確保する。

● 運動会が親子で楽しく過ごすことができるように、競技の内容や運動会の進め方など検討し取り組む。

保護者との連携

● 夏から秋への子どもの体調について、家や園の様子を登降園時に伝え合う。

● 気温に合わせて衣服の調節ができるよう、薄手の長袖も準備してもらう。

● 友だちへの関心がトラブルとして現れることもあるが、成長の姿と理解し合う。

4月
5月
6月
7月
8月
9月
10月
11月
12月
1月
2月
3月

振り返り

● その日の体調や機嫌を保育者間で共有し合って、小さな変化（微熱、咳、鼻水、軟便）も見逃さずに過ごすことができた。登降園時に保護者と家での様子や園での様子を伝え合ったことで早目の対応ができた。

● 動きが活発になり体力もついてきているため、なるべく涼しいうちに戸外に出て存分に体を動かすようにした。暑くなる時間帯は、ホールでの遊びを主に行った。次月に向けては、涼しくなるので、散歩に出かけたりなど、保育者や友だちと戸外での散策を楽しめるようにしていきたい。

● 身のまわりのことに興味をもち始めているので、一人ひとりがやりたいことに援助する。

9月 個別の計画 | になちゃん（2歳3か月）

子どもの姿

- おむつ交換時にトイレに行き、排尿する。おむつに排尿した時は、「ちっち出ちゃった！」と教える。
- ズボンやおむつも一人で脱げるようになった。
- スプーンやフォークを使って一人で食べきる。
- 二語文で話せるようになった。友だちの名前も覚え、「○○ちゃん、かして」など友だちとのやりとりが増えている。
- 「三ツ矢サイダー」の手遊びをしたり、夏祭りの「ドラえもん音頭」を踊ったりする。

かーしーてー

ねらい

- 身のまわりのことを自分で行い、達成感を味わう。
- 尿意を感じたら保育者に伝え、トイレで排泄する。
- 食具を使って一人で食べる。
- 体を動かして遊ぶことを楽しむ。
- 簡単な言葉のやりとりをする。

内容（養護・教育）

- 鼻水を自分で拭く、着替えをする、手洗いをする姿を見守りながらも随時、手順や方法を一緒に行う。
- 保育者に促されてトイレに行き排尿する。尿意を感じたら保育者に伝える。
- スプーンやフォークを下手で持ち、一人で食べる。
- 保育者や友だちと一緒にかけっこや三輪車乗りを楽しむ。
- 保育者や友だちと絵本を見たり、ごっこ遊びの中で言葉のやりとりを楽しむ。

保育者の援助・配慮

- 鼻水を拭く、着替えなど一人でする時は、まずは見守る。うまくできないところは、さりげなく手助けし、一人でできた満足感を味わえるようにする。
- 「こうやって持つんだよね」とスプーンなどを使って食べている時は、「になちゃん上手だね」と食具を使って食べられることをともに喜び合う。
- 好きなものや初めての味のものを食べる際には、「おいしいね」「酸っぱいね」「一人で食べられたね」と、味や食事の経験がポジティブなイメージとして残るように声をかける。

保育者の援助・配慮

- 排尿間隔を把握し、遊びの区切りを見てタイミングよくトイレに誘う。事前に知らせた時は、教えてくれたことをほめ、伝えた喜びを感じられるようにする。

- キャラクターのパンツが大好きで、それをはいて喜んでいるので、「かっこいい、ステキね」と共感する。

- 三輪車をこぐ時、バランスを崩して転ばないように、そばについて見守る。

- 草花や虫を見つけるなどの探索でも、興味応じて自由に散策できるようにする。

- 踊りや手遊びは、「もう一回！」という願いを受け止め、くり返し行い満足感を味わうようにする。

- 「○○先生、○○して〜」など二語文を話すようになったので、「○○したいんだね。先生と、○○してみようか」など、やりとりする。思いや要求をうまく出せない時は、子どもの思いを代弁し、伝わっていると感じられるようにする。

- 遊びの中で、「貸して」「ちょうだい」「ありがとう」などの言葉のやりとりをする。

保護者との連携

- 好みのキャラクターの布パンツが排泄の自立の弾みになっているようであると伝えるとともに、トイレで排泄することも多いことを伝える。

- かけっこや三輪車乗りが楽しく、その様子をクラス便りなどで知らせ、運動会に期待してもらえるようにする。

4月 5月 6月 7月 8月 9月 10月 11月 12月 1月 2月 3月

になちゃんの振り返り

- 着脱のできないところをさりげなく手伝い、「自分でできた」と満足感をもてるようになり、トイレの際の着脱も「自分で」と進んで一人でやろうとしている。

- 排尿の間隔が長く、生活の節目がトイレに誘うタイミングのようだ。布パンツでほとんどもらすことなく過ごせるようになった。

- 戸外では、三輪車乗りや虫探し、「もぐら山」登りや追いかけっこをして、十分に体を動かし楽しむことができた。保育者は求められたタイミングで支援を行うようにする。

- 友だちとの遊びが盛んになるとともに二語文が多くなり、会話を楽しむようになってきた。

9月 個別の計画 | りくとくん （1歳6か月）

子どもの姿	● スプーンで食べることが多いが、食材によっては手づかみで食べるほうが食べやすい。一人で食べる時は好きなものを選んで食べるので、好みでないものは促しが必要である。 ● 保育者が友だちの名前を呼ぶと指さし、自分でも友だちの名前を呼ぶ。友だちに近づき、のぞき込み、指さしや片言で話しかける。 ● 友だちが便座に座る姿を見てトイレに興味をもち、おむつ交換の時に一人でトイレに行き、時々まねて座っている。 ● ポットン遊びやペットボトルにチェーンを入れるなど、指先を使って集中して遊ぶ。 ● 目、鼻、口などの顔の部位がわかるようになり、聞くと自分の顔の部分を指さし応える。 ● 手遊びや歌をうたうと、じっと保育者の口の動きを見て、まねてくり返し、楽しんでいる。

ねらい	● 表情やしぐさで伝えようとしていることを受け止め、伝わる喜びを味わえるようにする。 ● 食具を使い一人で食べ、苦手なものも促されて食べる。 ● 身のまわりにある自分のものがわかり、使ったり、身につけたりする。 ● 友だちと同じ場所やもので遊びを楽しみ、存分に体を動かして遊ぶ。
内容（養護・教育）	● 思いや欲求を指さしや片言で表すことで、他者に伝わることを体感し、働きかけを楽しめるようにする。 ● ほとんどのものはスプーンで一人で食べるが、なじまない食材も促されて食べる。 ● 衣類を取り出す、はくなど、自分の身のまわりのことをしようとする。 ● いろいろな動き（走る、くぐる、弾む、上り下り等）を楽しむ。 ● 遊びや動きをまねたりしながら、友だちと関わる楽しさを味わう。
保育者の援助・配慮	● 言葉やしぐさ、表情に込められた思いを受け止め、やりとりし、伝わるうれしさを味わえるようにする。 ● おもちゃや場所の取り合いでトラブルになった時は、ほしい・譲れない気持ちを受け止め、代弁し他児に伝える。願いをどのようにかなえるかがわかるように話す。 ● ズボンをはく時、どこにどの足を通すかを伝え、手順に合わせて励まし、はけたことを喜び合う。 ● 靴下を引っ張る時、靴に片足を入れる時は、「自分で」を大切にし、スムーズにできないもどかしさもあるが見守る。手を出し過ぎずさりげなく援助し、達成感を味えるようにする。

保育者の援助・配慮

- くぐる、弾む、上り下りなど様々なことを体験して楽しめるように、ハニートンネルやトランポリン、低い坂などで遊ぶ機会を設ける。保育者が必ずそばについて、安全に遊べるようにする。
- 全身運動が活発になり、すべり台を下から上がる、棚に上るなどの遊びをするが、援助のタイミングは危険な場合のみにする。
- 友だちと同じものや同じ場所で一緒に遊ぶ楽しさを味わえるように、ままごとのおもちゃやバッグ、バンダナ、車、人形などを多めに用意する。
- ごっこ遊びや活動的な遊びも同じようにしたがるので、仲立ちを他児の気持ちを見計らいながら行う。
- 子どもがリズムに合わせて体を動かす楽しさを体感できるように、曲選びを子どもの興味の様子からとらえる。保育者も楽しく踊る。

保護者との連携

- 自分の持ち物がわかり「自分で」の気持ちが出始め、靴や靴下、ズボンなどをはこうとする。そのほかの一人でやろうとすることについても、関わり方や援助を園と家庭で共通のものとする。
- うまくいかないことが多いので、駄々をこねたりいら立ったりするが、成長の過程としてともに喜ぶ。

4月　5月　6月　7月　8月　9月　10月　11月　12月　1月　2月　3月

りくとくんの振り返り

バッタ！

- スプーンを持って好きなものから選んで食べるが、うまくすくえないと手づかみで食べる。それぞれの食材の感触や特性を感じながら楽しく食べられるようにする。
- 「はーい」「ばあー」「ママ」「バッタ」など、指さしや片言で伝えようとするので、思いを受け止め応える。ゆっくりはっきり応え、やりとりできるように心がける。
- 身のまわりのものに興味をもち始め、自分で靴下をはいてみようとし、引っ張り脱ごうとする。ズボンは援助を必要とするが、足を片方ずつ動かして通し、両手を使って上げるようになる。「自分で」の気持ちが芽生え始めたので、やってみようとする姿を認め、ペースに合わせて援助する。
- 友だちや保育者と一緒に追いかけっこやトランポリン、トンネルくぐりなど体を使って遊ぶことを楽しんでいる。低い坂も慎重に上り下りできるようになり、何度も挑戦し満足している。
- 友だちの「めんめ！」の声にかけ寄り、一緒に追いかけつかまえようとする、友だちがやっている遊びをまねてコップにチェーンを入れ飲むまねをする、「どうぞ」の気持ちで友だちにおもちゃを渡すなど、生活の中で友だちと関わろうとする姿が見られる。

10月

前月の子どもの姿と振り返り

Scene 1

振り返りにつながる観察記録

☑ 友だちと一緒に追いかけっこをしたり、坂道を上り下りしたりと、活発に体を動かすようになった。

☑ 高いところに上る、狭いところを渡るのが楽しく、時々、けがをしてしまうことがある。危険がないことを最優先事項として確認し、遊具の設置も検討をした。

観察と対応のポイント

子どもの成長に合わせて、園庭やホールなど遊ぶ場所を広げましょう。

Scene 2

振り返りにつながる観察記録

☑ 生活や身のまわりのことに興味・関心をもち始めた子どもがいる。保育者がサポートして取り組むようにした。

観察と対応のポイント

子どもの気持ちを受け止め代弁しつつ、場面に応じた言葉を使いながら関わるように留意しましょう。

☑ 友だちが使っているおもちゃを取ったり、引っ張ったりして、トラブルが多くなってきた。

9月の振り返り

- その日の体調や機嫌を保育者間で共有し合って、小さな変化（微熱、咳、鼻水、軟便）も見逃さずに過ごすことができた。また、登降園時に保護者と家での様子や園での様子を伝え合ったことで早目の対応ができた。下痢便の子が数人出たが長引かずにすみ、先月よりは健康に過ごせた子が多かった。

- 動きが活発になり体力もついてきているため、なるべく涼しいうちに戸外に出て過ごす時間を多く取った。暑くなるとホールを使ったり、ハニートンネルやマットなどの用具を使って遊ぶことで十分に体を動かして楽しむことができた。次月に向けては、発達に合わせて体を動かす経験ができる場を工夫したり、散歩に出かけたりなど、保育者や友だちとともに楽しめるようにしていきたい。

- 身のまわりのことに少しずつ興味をもち始めたが、個人差がある。生活や身のまわりのことに興味・関心をもち「やってみたい」と思い始めた子どもから援助をしたことで、一人でできる喜びを感じていた。

10月の保育のねらい

- ☑ 寒暖差に留意し、一人ひとりが健康に過ごせるようにする。

- ☑ 秋の自然に触れながら、戸外遊びや散歩を楽しむ。

- ☑ （低月齢）生活の中の身のまわりのことに興味をもち、保育者と一緒にやってみようとする。

- ☑ （高月齢）保育者に手伝ってもらいながら、簡単な身のまわりのことを自分でやってみようとする。

連続性を踏まえて月案を作成

10月 月案

	保育の内容	環境構成
養護（生命の保持・情緒の安定）	● 朝夕と日中の気温差や空気の乾燥など、感染症の予防に向けて、体調管理を行う。	● 保育室の換気や温度の調節、手洗い場の整備や、衣類の調節に向けて着替えのカゴなどを確認する。 ● 手洗い場は毎日清潔に保ち、ペーパータオルを使いやすい大きさに切って取りやすい位置に置く。
	● 戸外の遊具の点検を行い、安全に遊べるようにする。	● 霧で濡れたベンチや滑り台の水気をしっかり拭き、滑らないようにする。 ● 戸外用に雑巾を準備する。
	● 「○○いや」「○○したい」をありのまま言える雰囲気の中で、のびのびと生活できるようにする。	● うまく表現できず混乱している子どもが、気持ちを落ち着けられるような刺激の少ないコーナーで、保育者がじっくり関わるようにする。
教育（健康・人間関係・環境・言葉・表現）	● 保育者に促されトイレにいき、排尿し、すっきり感を味わう。	● トイレを清潔にし、汚れたらすぐに対応できるように消毒セットを準備しておく。 ● 便座がヒヤッと感じないように電気を入れ温めておく。
	● ズボンや靴下の着脱をしようとする。	● 着脱用のいすはお尻をのせるので、消毒をこまめに行う。ごっこ遊びの中で着脱につながるように、シュシュやスカートを準備する。
	● 保育者や友だちとごっこ遊びなどを楽しむ。	● 遊びを楽しめるよう、コーナー（お店やさんごっこ、プラレール、ままごと、ブロック等）をつくる。
	● 散歩をしたり、園庭遊具や用具などで、存分に体を動かし遊ぶ。	● 広い園庭の危険箇所がないか確認をする。
	● 園庭での遊びや散歩を通して、秋の自然に触れる。	● 木の葉や木の実が落ちている場所で安全に遊べるか、事前に確認をしておく。拾った木の実を持ち帰れるようにビニール袋やバッグを用意する。
	● 手指を使ったり、保育者と一緒にうたったり、体を動かしたりして楽しく遊ぶ。	● 指先に力が入るようになってきたので、洗濯ばさみを留めたり、つなぎ合わせたりして遊べるようなものを準備する。 ● 季節の歌（「どんぐりころころ」「まつぼっくり」「大きな栗の木の下で」）をうたったり、CDを準備する。

書き方のポイント

園庭のどこに、どのような危険箇所があるか、1歳児にとっての危険と思われる事項を具体的に取り上げましょう。

保育のねらい

☑ 寒暖差に留意し、一人ひとりが健康に過ごせるようにする。

☑ 秋の自然に触れながら、戸外遊びや散歩を楽しむ。

援助・配慮事項

- 体温、顔色、肌つや、目力などの確認とともに、前日の様子も聞き取り、健康状態を把握する。

- 一人で手を洗おうとすることを受け止め、手洗い後の気持ちよさを体感できるようにする。

- 戸外で遊んでいる時は危険のないように必ずそばについて見守り、必要に応じて手を添える。

- 様々なチャレンジを見守りながらも、危険な場合は、子どもの気持ちを萎えさせないような方法を提示し、楽しさを持続するようにする。

- トラブルが起こった時は、それぞれの気持ちを受け止め、互いの気持ちを代弁し、自分の思いが伝わっていると感じられるようにする。

- 排尿するタイミングは子ども自身のリズムなので、ゆったりと待つ。排尿時のすっきり感が、次もトイレで排尿しようとする気持ちにつながるようにする。

- 遊び始めは言葉をかけず、子どもの遊びの一区切りのところで、タイミングよく誘う。

- 自分でする・しないは気分に左右されるが、常にはきやすいようにズボンを置いて見守る。うまくできないところはさりげなく手伝い、はけた満足感が得られるようにする。

- ごっこ遊びは子どもの中から生じてくる。その中で子どもたちが参加する楽しさが感じられるように遊び環境を整える。

- 坂道を上り下りする際は、バランスを崩して転ぶこともあるが、必要に応じて手を添えたり危険物を取り除いておく。

- 散歩先では園庭と異なる環境で行動範囲が広がるので、保育者の立ち位置を確認しながら見守る。

- 驚きや発見に共感しながら秋の自然に親しめるようにする。また、木の実などは食べられないことを伝え、誤飲しないように気配りをする。

- 子どもが好奇心をもって遊ぶ姿に共感し、手や指を使う遊びを保育者も一緒に楽しむ。

- 歌詞が明るくはっきり伝わるようにうたい、リズムに合わせメリハリをつけて体を動かすなど、模倣しやすくする。

個別の
計画へ

👤 職員の連携

- 友だちとの関わりが増えるにつれてトラブルが多くなるので、対応の仕方について話し合っておく。

- 未満児専用の園庭と幼児用園庭でも遊べるように園庭に出る時間帯などを保育者間で話し合い、共通認識を図る。

- 総合避難訓練では事前に訓練の内容を確認し合う。

👫 保護者との連携

- 気温差が大きくなり体調を崩しやすいので、機嫌や食欲などの変化も連絡し合う。感染症の初期症状も確認し合う。

- お昼寝用毛布の準備をお願いする。

- 簡単な身のまわりのことを「自分で」したがるので、見守ることや手をかけるタイミングなどを共有する。

振り返り

- 朝夕は寒暖差があったが、調節しやすい衣服を準備してもらったことで体調を崩さず過ごすことができた。

- 「自分で」と自己主張する姿が増えてきた。子どもの気持ちを受け入れながら見守り、必要に応じてさりげなく援助したり言葉をかけたりした。また、ズボンをはきやすいようにいすを準備したことで、友だちと一緒にズボンをはく姿が見られるようになった。今後も自分でできた満足感や達成感が得られるように、必要に応じた援助していきたい。

- 友だちと手をつないだり、ギュッと抱きついたり、同じ場所で友だちのまねをして遊ぶなどの姿が多く見られるようになってきた。うまく思いを伝えられずトラブルになる時もあるが、それぞれの思いを受け止め、互いの思いを保育者が代弁することで、折り合いをつけて遊びを継続することが多くなってきた。今後も、様々な経験を積み重ねられるように、必要に応じたタイミングのよい仲立ちをする。

10月 個別の計画 | になちゃん（2歳4か月）

子どもの姿

- 「自分で」と主張するが、思うようならないとイライラし、悔しがり思いをとげようとがんばる。保育者の援助を拒み、なんとかがんばろうとする。
- もらすことがなくなったので布パンツにした。保育者が誘うと、トイレで排泄する。
- 食材に興味を示し、「トマト」「ブロッコリー」など知っている食材の名前を言い、おいしそうに食べる。
- 三輪車乗り、「もぐら山」登りなどの全身運動を好む、自然物や虫などを発見し触れて遊ぶ。

ねらい

- 「自分で」という思いを受け止め、一人でできたことの喜びを感じられるようにする。
- 様々な食材に関心をもち、おいしく食べる。
- 尿意を感じたらトイレに行き、排泄する。
- 秋の自然を感じながら、戸外遊びを楽しむ。
- 友だちへの関心が高まり、関わりをもとうとする。

内容（養護・教育）

- 「自分で」「いや」「だめ」などの子どもの意思を尊重し、どのようにしたらよいか子どもに問い、寄り添ってみる。
- 尿意を感じたらトイレに行き、排泄する。
- 様々な食材に興味をもち、食べようとする。
- 戸外遊びや散策を通して、秋の虫や草花を見たり触れたりすることを楽しむ。
- 描く、切るなど手先を使った遊びやごっこ遊びなど、友だちとの関わりを楽しむ。

保育者の援助・配慮

- 靴をはくことや着脱できた喜びを受け止める。援助を拒む場合は、見守るとともに一緒に取り組む。うまくいかない時の悔しい気持ちを受け止める。
- ボタンを外す、かぶって脱ぐ、ズボンの後ろを上げるなど見守るが、難しいところは手助けしようかと問いかける。
- 布パンツで過ごすことに誇らしさを感じているので、布パンツの時間を長くし排尿間隔を把握し、トイレに誘う。

保育者の援助・配慮

- 「これは○○だよ。甘いね」「やわらかくておいしいね」などと、食材の名前と味をつなげるとともに、味や食感の気づきを大切にする。

- 「一本橋渡り」や「もぐら山」などをくぐったり登ったりし、足腰を使う、バランスをとるなど全身を動かして存分に遊び、満足感を味わえるようにする。

- 秋の自然物に触れ、落ち葉や木の実の感触を「まつぼっくり、かわいいね」「チクチクするね」の気づきや発見、驚きに耳を傾け共感する。

- 並行遊びやごっこ遊びでは、時にはトラブルも発生するが、保育者が仲立ちし、楽しめるようにする。

- クレヨンで描いたり、はさみで切ったり、手先や指先を使った遊びに集中できるように少人数で行う。

- 子どもなりの振り付けで自由に踊りを楽しめるようにする。うたい、踊る活動を朝夕の会などに継続的に行う。

保護者との連携

- もらすことが減ったことなど、排泄の状況を伝え、排泄の自立に向けたパンツ使用や排泄を促すタイミングを家庭と共有する。

- 歌や遊びなど子ども同士で楽しんでいる場面をイメージできるように、子どもが今楽しいと思っていることを伝える。

4月
5月
6月
7月
8月
9月
10月
11月
12月
1月
2月
3月

になちゃんの振り返り

- 身のまわりのことを自分でしてみようとする気持ちが大きくなり、ズボンの着脱やズックをはくことも自分でできるようになった。靴下をはくのはまだ難しいが、近くで見守りながら時間をかけて関わる。

- 排便は園ではしないが、排尿は自立し、一日布パンツで過ごせるようになった。「おしっこ、もれちゃった。（おしっこ出る！）」と言って尿意も知らせるようになった。

- 食材の名前を数多く覚え、家庭で食べたメニューや食材を思い出して話すようになった。

- 戸外では友だちや保育者の名前を呼びながら追いかけっこをするほか、「一本橋渡り」、まつぼっくり拾い、落ち葉集めなどをして楽しむことができた。また、近くの公園へ散歩に行き、園庭とは違う秋の自然にも触れることができた。

- 保育者と一緒に「貸して」と言い、友だちと一緒に遊ぶようになり、会話のやりとりが増えてきた。

10月 個別の計画 ｜ りくとくん（1歳7か月）

子どもの姿

- 友だちの名前が言えるようになり、友だちを見つけると指をさして名前を呼ぶ。
- 友だちの使っているおもちゃに興味をもち、一緒に使いたいと、引っ張ったりする。
- 靴下を一人で脱ごうとする。ズボンに片方ずつ足を通そうとする。
- 保育者や友だちと追いかけっこやトランポリン、トンネルくぐり、低い坂の上り下りなど全身運動を楽しんでいる。
- 石でものをたたくと音が出ることに気づき、鉄の棒やコンクリートなど身近なものをたたいて試し、いい音探しを楽しんでいる。
- 色の種類を覚え、電車が通るたびに指をさし、「赤！」「青！」と列車の色を言って喜ぶ。

ねらい

- 保育者の仲立ちで、友だちとの遊びを楽しめるようにする。
- 食具を使って食べ、汚れた口や手をふこうとする。
- 簡単な身のまわりのことに興味をもち、保育者と一緒にやってみようとする。
- 秋の自然に触れながら、探索活動を存分に楽しむ。
- 手や指を使って遊び、友だちと楽しむ。

内容（養護・教育）

- 友だちと同じことをし、同じものを使いたがるので、その気持ちを察して援助する。
- 食べ物で手や顔の汚れると不快と感じ、おしぼりなどで口元を拭く。
- 保育者に手助けされながら、ズボンに足を通し、両手でズボンを上げ、はこうとする。
- 落ち葉やまつぼっくりを拾ったり、バッタなどの虫に触れたりして遊ぶ。
- なぐり描きや新聞を破る・丸めるなどの手や指を使った遊びを楽しむ。

保育者の援助・配慮

- 行動範囲が広くなるのに伴い、転ぶことが多くなった。探索活動は重要なので、自由に動けるようにするが目を離さず、大きなけがにならないように配慮する。
- 献立によってはこぼれたりするので、口元の汚れに気づきティシュやおしぼりで拭く。自分のおしぼりであることがわかるように印を付ける。
- 友だちと同じ場所で同じことをしたがるので、おもちゃの数を十分に用意する。
- 友だちが使っているおもちゃを泣いてほしがり、取ろうとする時は、ほしいという気持ち受け止め、友だちに伝える。すぐ譲ってもらえない場合は、トーンダウンするのを待ち、どのようするか考え合う。

 書き方のポイント

清潔の習慣は、自然に身につくものではありません。保育者がどのように援助するのかを、明確に記しましょう。

保育者の援助・配慮

- 着替えの時は、手順をわかりやすく伝え、ゆったりと着替えられるように見守る。諦めそうになった時は、つまずいているポイントを援助し、自分でできたと感じられるようにする。
- 坂道を上り下りする時は、自由に動けるようにするが、バランスを崩して転びそうになったら、必要に応じて手を添える。
- つかまえた虫や拾ったまつぼっくり、落ち葉などを入れるかごや袋を用意する。子どもの発見や驚きに共感する。

- 新聞を破る・丸めるなど手や指を使って遊ぶ機会を設ける。両手を前後に動かし紙を破ることは、初めてである。破れた時の音を楽しめるようにする。
- なぐり描きを行う時は、自分で好きな色を選び、手の動きが線となることを楽しめるようにする。
- ペンは、握りやすく滑らかで書きやすいものを選び、服や手に描いても落ちやすい水性のものを準備する。

保護者との連携

- 歩けるようになり活動が盛んになり、見る・触れるなどの経験が子どもの発達において重要であることを伝える。また、足のサイズに合った靴の用意を伝える。
- 遊びの中で転んだ場合は、その状況（いつ、どこで、どのように）を細かく伝え、処置やその後の対応を伝える。
- 友だちとの関わりが盛んになり、楽しく過ごしている様子を生活の記録や送迎の時に伝える。

4月 5月 6月 7月 8月 9月 10月 11月 12月 1月 2月 3月

りくとくんの振り返り

- スプーンで一人で食べる。手や口を自分のおしぼりで拭くなどの食事の流れが見通せるようになってきた。スプーンはどのように使うとすくいやすいか気づけるように、声かけする。
- 友だちと手をつなぐ、ギュッと抱きつくなど親しみを込めた関わりをする。ごっこ遊びでは、保育者が仲立ちすることで、「乾杯」「どうぞ」など、やりとりが盛んになっている。
- 友だちと同じものを使いたいとこだわり、泣くことがある。これも成長の過程ととらえ、気持ちを受け止め、伝わっていることを伝え、どのようにしたらよいかを子どもと考える。代わりのおもちゃを出したが納得しなかった。
- 他児の着脱の様子が刺激となり、自分からズボンに手を伸ばし、ズボンの片方に両足を入れる姿や片足だけ足を通して満足する姿が見られた。自分でやろうとした時に、タイミングよく援助することで、できた喜びを味わうことができた。
- まつぼっくりや落ち葉拾いをしたり、虫を見つけると、「バッタ！ バッタ！」と言ってバッタを追いかけていた。秋の自然に触れることができた。
- コーナーで好きな色を選びなぐり描きし、色を楽しむことができた。

11月

前月の子どもの姿と振り返り

Scene 1

振り返りにつながる観察記録

☑ ごっこ遊びや友だちのまねをして遊ぶ姿が見られるようになった。

☑ トラブルになる時もあるが、互いの思いを保育者が代弁すると、うなづいたり、首を振ったりする。言葉も出て、遊びを続けられるようになった。

観察と対応のポイント

子どもなりに折り合いをつける姿など、子どもの成長をとらえます。

Scene 2

振り返りにつながる観察記録

☑ 室内外の寒暖差があるので、衣服の調整を適宜に行い、体調を崩さずに過ごすことができた。

☑ ズボンや靴下を自分ではこうとする姿が見られる。いすを準備すると自分でできるようになった。

観察と対応のポイント

子どもにとって衣服の着脱がしやすい環境の様子を見守りましょう。

10月の振り返り

- 朝夕は寒暖差があったが、調節しやすい衣服を準備してもらったことで体調を崩さず過ごすことができた。

- 「自分で」と自己主張する姿が増えてきた。子どもの気持ちを受け入れながら見守り、必要に応じてさりげなく援助したり言葉をかけたりした。また、ズボンをはきやすいようにいすを準備したところ、友だちと一緒にズボンをはく姿が見られるようになった。今後も自分でできた満足感や達成感が得られるように、個々の成長に合わせて見守り、必要に応じて援助していきたい。

- 友だちと手をつないだり、ギュッと抱きついたり、同じ場所で友だちのまねをして遊ぶなどの姿が多く見られるようになってきた。また、保育者が一緒に遊ぶことで、ごっこ遊びを楽しめるようにもなってきた。うまく思いを伝えられずトラブルになる時もあるが、それぞれの思いを受け止め、互いの思いを保育者が代弁することで、折り合いをつけて遊びを継続することが多くなってきた。今後も、様々な経験を積み重ねられるように、必要に応じたタイミングのよい仲立ちをする。

- 戸外遊びは十分に楽しむことができたが、子どもの登園時間がまちまちだったことで散歩はあまり行くことができなかった。来月は行けるように計画していきたい。

11月の保育のねらい

☑ 冬に向けて健康に過ごせるよう、体調に合わせた生活リズムや衛生の習慣を身につける。

☑ 秋の自然に触れ、戸外で存分に体を動かして遊ぶ。

☑ 保育者や友だちと一緒にごっこ遊びや音楽遊びを楽しむ。

連続性を踏まえて月案を作成

4月
5月
6月
7月
8月
9月
10月
11月
12月
1月
2月
3月

11月 月案

10月の子どもの姿

- ズボンや靴下などの着脱を自分でやろうとする姿が見られるようになってきている。
- 遊びの中で手をつないだり、抱きついたり、友だちのまねをして遊んだりする姿が見られるようになってきた。
- 戸外での様々なものに興味を示している。活動範囲がさらに広くなり楽しんでいる。

	保育の内容	環境構成
養護（生命の保持・情緒の安定）	● 健康状態を把握しながら、体調に合わせた戸外遊びや室内遊びで満足できるようにする。	● 室内遊びが多くなる季節なので、プレイルームやフリースペース、ホールを使う時間や使用方法を担任間で話し合う。
	● 保育者と一緒に手洗いやうがいを行い、気持ちよく過ごせるようにする。	● 石けん、ペーパータオルなど、子どもが取れる位置に備える。
	● 鼻水の出ている時は鼻かみを促し、「フンとするんだよ」と伝え、呼吸しやすくなることですっきりと気持ちよく過ごせるようにする。	● 子どもたちが手の届く場所にボックスティシュやゴミ箱を置き、いつでも同じ場所にきて一人で鼻かみができるように整えておく。
	● 「自分で」や「いや」といった自己主張を理解してもらえると感じられるようにする。	● 保育者間の対応に大きなズレがないようにする。
教育（健康・人間関係・環境・言葉・表現）	● スプーンやフォークを使って自分で食べようとする。	● 献立により、子どもに合わせて食べやすい量や食材の大きさに調節する。
	● 保育者に誘われてトイレに行き、排泄しようとする。	● おもらしをしても、すぐに対応できるようにバケツに雑巾や消毒液を準備しておく。
		● ヒヤッとした感触を避けるため、便座のスイッチを入れて温めておく。
	● ズボンや靴下を脱いだり、はいたりしようとする。	● ズボンをはきやすいように台を準備しておく。使った時はその都度、消毒を行い清潔にしておく。
	● のぼる、おりる、走る、ジャンプするなど、全身を使って遊ぶ。	● いろいろな動きが経験できる用具や遊びを用意する（トンネル、マットの山、ソフト積み木等）。
	● 園庭や散歩で、木の実や落ち葉など、自然に触れて楽しむ。	● 園庭の落ち葉やまつぼっくりなどは落ちたままにしておく。
	● 保育者や友だちを模倣して遊ぶことを喜ぶ（ままごと、人形の赤ちゃんを抱っこ、おんぶ等）。	● 仕切りを使い、ゆったりと遊べる環境を工夫する。
	● 保育者と一緒に、歌や曲に合わせて楽器を鳴らしたり、体を動かしたりして表現遊びを楽しむ。	● 歌や踊りは子どもたちが好きな曲を選び、手作りのマラカスは取り出しやすい場所に用意する。楽器（タンバリン、スズ）も準備する。

保育のねらい

☑ 冬に向けて健康に過ごせるよう、体調に合わせた生活リズムと衛生の習慣を身につける。
☑ 秋の自然に触れ、戸外で存分に体を動かして遊ぶ。
☑ 保育者や友だちと一緒にごっこ遊びなどを楽しむ。

援助・配慮事項

- 一人ひとりの体調に合わせて戸外や室内に分かれて遊ぶ時は、保育者が手薄になるため、目の離せない場面・箇所を確認し合う。

- 食前や排泄後など、最も手洗いの必要な場面から習慣づけられるよう、保育者と一緒に手洗いをする。

- 鼻をつまんで「口をとじて、ふっとしてごらん」と伝え、いきむことができるようにする。よだれが出ていたらティッシュなどで拭くように促し、すっきりを体感できるようにする。

- 一人ひとりのこだわりは何か、その時々の意図をくみ取り、情緒の安定を図る。

- 片方の手を食器に添え、スプーンやフォークを使って一人で食べる。すくいにくい時は皿の中の食べ物を集めてすくいやすいようにし、一人で食べたという気持ちを大切にしていく。

- おもらしで戸惑っている時は、「大丈夫だよ」とさらりと言って、他児の目に触れにくいところで着替える。

書き方のポイント
子どもの心の痛みにも配慮した関わりを示しましょう。

- 子どもが、「自分でやってみたい」という気持ちを大切にし、先取りしないでできるところまでは待つようにする。

- 身のまわりのことを自分でしようとしている時にはゆったりと見守り、できたところはさりげなく介助し、自分でできた達成感を味わえるようにする。

- 段差や斜面など、子どもの気持ちが高揚し楽しさで夢中になる。とっさに支えられるようにする。

- まつぼっくりや落ち葉がある園庭の場所に誘い、子どもの気づきを大切にしながら、秋の自然に興味をもつような言葉をかける。

- 子どもの身振りや言葉の奥の意図をくみ取り代弁し、やり取りを見守りながら、友だちと関わる喜びに共感する。

- 子どもと一緒に踊ったり、手作りの楽器を鳴らしたり楽しさを味わう。

個別の計画へ

職員の連携

- 寒くなり体調を崩す子が多くなるため、保護者から得た情報を保育者間で共有し合い、子どもの顔色、目力、笑顔、言葉から体調を察する。

- 戸外遊びを行う時は、咳や鼻水、微熱などの症状で配慮が必要な子どもについて、室内と戸外で別れて心地よく過ごせるようにする。

保護者との連携

- 体調を崩しやすい時期なので、家庭や園での様子を生活記録や送迎時にこまめに伝え合い、健康管理に努める。

- 食事や着脱など、簡単な身のまわりのことをしようとする子どもの姿を話し、子どもの育ちに保護者と共感し、保育者の援助や見守りの様子も伝える。

振り返り

- 気温や天候に合わせて衣服の調節をし、鼻水が出る子や体温が平熱よりも高い子については無理をせず室内で過ごしたことで、体調を崩さずに過ごすことができた。

- 寒い日が続いたり、子どもの体調を考慮したこともあり、戸外での遊びが先月よりも少なかった。そのような中、散歩に行ったり、園庭などで落ち葉やまつぼっくりを拾ったりなど、秋の自然に触れることができた。また、広い場所でかけっこしたり斜面を上り下りしたりと、体を動かして楽しんだ。来月も気温や時間などに配慮しながら戸外遊びを行っていきたい。

- 手作りマラカスやタンバリンを使って、音を出して楽しんだ。また、子どもたちが好む曲を選び、まねしたくなるような振りつけを考え、くり返し楽しく踊ったりしたことで、曲をかけると体を動かして表現する姿が見られるようになった。日々の楽器遊びのまとまりが発表会であるように、日常を大切にした保育を行う。

4月
5月
6月
7月
8月
9月
10月
11月
12月
1月
2月
3月

11月 個別の計画 | になちゃん （2歳5か月）

子どもの姿

- 午前睡をしないで遊ぶので、食事前になると「眠い〜」「ご飯食べない」と機嫌が悪くなる。
- 友だちとのおしゃべりが楽しくて食事が進まないことがある。保育者に促されて食べている。
- ハンドソープの容器から泡を出し手洗いをする。力加減が難しく出し過ぎたりし、戸惑っている。
- 「おしっこ出ちゃった（おしっこ出る）」と伝え、一人でトイレに行く。トイレットペーパーは、まだ切ることができないので、保育者が手渡しをすると、拭いて水を流す。
- 家庭での出来事やその日の迎えは誰が来るかなど、わかりやすく伝える。
- 保育者が音楽に合わせて踊ると、一緒に踊る。かいくぐりやジャンプ、腕振りなどリズミカルにうたって踊る。

ねらい

- 身のまわりのことを自分でやりたいと取り組む姿を見守り、さりげなく援助する。
- 食具を持ち、器用に使いこなして食べる。
- 保育者や友だちと様々な遊びの中で会話を楽しむ。
- 音楽を聴く、うたう、踊るなど、リズム遊びを楽しむ。

内容（養護・教育）

- やってみようとしている姿をほめ、励まし、できることのうれしさを味わえるようにする。うまくいかないことも、くり返すことで方法を見出すととらえ、じっくりと待つ。
- スプーンやフォークを三点持ちで食べる。
- 身近な出来事や経験したことを、保育者や友だちに簡単な言葉で伝えて楽しむ。
- 音楽を聴きリズミカルに体を動かし、一緒にうたうこと・踊ることの楽しさを味わう。

保育者の援助・配慮

- 手洗いをそばで見守り、「あわあわは1回だよ」と声をかけ、1回プッシュで手を洗うようにする。腕まくりはまだできないので、手を洗う前に「まくりまくりしようね」と保育者が袖をまくり上げ、楽に手洗いができるようにする。
- 「自分でやってみたい」ことは、一人で行うのを待ち、できないところ（ジャンパーを着る、靴下をはく）は様子を見て手伝う。
- 保育者が声をかけると、スプーンの三点持ちを意識し持ち直すことがあるので、「そう持つと食べやすいよね」と声をかけ、食べやすくなることに気づけるようにする。

保育者の援助・配慮

- 友だちと遊ぶ中で、「ちょうだい」「貸して」など、自分の要求を言葉で伝え、伝わることで遊びが広がる様子を見届ける。
- ままごと遊びで使う人形のおんぶひもやバッグ類、エプロンなどを用意し、イメージが膨らみ、なりきることの楽しさ味わえるようにする。
- 友だちとぶつかり合う気持ちのズレがどこにあるのかを整理し、意図や願いが伝わるように言葉に置き換え代弁する。
- リズミカルな曲に合わせてタンバリンやスズなどの楽器の音を楽しみ、自然に体を動かして踊りを楽しむ。「になちゃん上手だね。次は腕をぐるぐる回すよ」と誘う。

保護者との連携

- 生活の流れを見通し、身のまわりのこと、食事や着脱など、できることが増えてきたことの喜びを保護者と共感し合う。
- 朝の受け入れ時や連絡帳で、睡眠時間やその日の機嫌などを伝え合い、家庭生活と園の生活が連続し心地よいものになるようにする。

4月
5月
6月
7月
8月
9月
10月
11月
12月
1月
2月
3月

になちゃんの振り返り

- 自分がどのようにしたいのかがはっきりしてきて、意図のままにならないと泣いて悔しがった。午前中に遊び疲れて眠くなると考えられる。
- 身のまわりのことが少しずつできるようになったことで、保育者の手伝い（おしぼり配り、保育者の食事を並べる）をして誇らしさを味わっている。このような機会を継続する。
- 食具の持ち方にも意識が向くようになり、「になちゃん、持ち方上手だね」と声をかけると、「こうだよね」と言って三点持ちをして食べ、使いこなせるようになっている。
- 家庭での出来事を話す、友だちの遊びを見て「○○ちゃん、○○してるね」などと話す、ままごと遊びで「ご飯どうぞ」「こっちに座ってください」と言うなど、会話が増えている。ままごとのほかに、指先を使った遊び、リズム遊びなど、様々な遊びを存分に楽しめるようになったので、友だちと楽しむ環境づくりを工夫する。

11月 個別の計画｜りくとくん （1歳8か月）

子どもの姿	<ul><li>スプーンやフォークを使って好きなものは食べるが、好まないものは食べようとしない。</li><li>親しみを込めて友だちと手をつないだり、ギュッと抱き合う姿が見られる。</li><li>ままごと遊びでは、保育者が少しだけ仲立ちすることで「乾杯」「どうぞ」などのやりとりを楽しむ。</li><li>友だちと同じものを使い、同じことをしたい（共有・共感）と泣いて訴える。</li><li>お尻をポンポンたたき「うんちー」と知らせ、トイレに行き便座に座ろうとする。</li><li>ズボンをはこうとするが、片方に両足を入れたり、片足だけ入れたりして満足している。</li><li>自分のこと「あくー」と言う。「パンダ、いた」「ママ、あった」など時々二語文を話す。</li><li>足の力がつき、コンビカーに乗ると足で地面を蹴り、次第にスピードを出して進む。</li></ul> 
ねらい	<ul><li>「自分で」の気持ちを受け止め見守り、自分でやってみることで満足できるようにする。</li><li>一人でトイレに行き便座に座り、ズボンをはこうとする。</li><li>友だちと一緒にごっこ遊び、見立て遊びをを楽しむ。</li><li>音楽に合わせリズミカルに体を動かし、踊ることを楽しむ。</li></ul>
内容（養護・教育）	<ul><li>着脱や手洗いなど、励まし、できた満足感を味わえるようにする。</li><li>保育者に見守られながら便座に座り、排尿（排便）する。その後、水を流し、手洗いなどをする。</li><li>ズボンに片方ずつ足を入れ、一人ではこうとする。</li><li>コーナーで友だちとおもちゃを使って遊び、言葉のやりとりなどを楽しむ。</li><li>音楽に合わせて動物（ウサギ、カエル、アヒル等）になり、体を動かしてなりきる楽しさを味わう。</li></ul>
保育者の援助・配慮	<ul><li>「自分でやってみたい気持ち」を大切にし、一人でできることとできないことに気づいていくようにするが、できそうなことは先取りしないように気をつけて援助し、一人でできた満足感を味わえるようにする。</li><li>味の違いがわかり、好みの味のものは食べるが、食べたくないものは食べない。調理形態などを工夫し、食べてみるように促す。</li><li>トイレに行こうとした時は、保育者も一緒に行き、トイレのものに触れて「これは？」という問いに丁寧に答え、使い方や座り方などを伝える。</li><li>便座に座れることを重視し、排泄する。出ない時はこだわらず、また排泄の自立を急かさない。また、便座に座ったことをほめる。</li></ul>

保育者の援助・配慮

- テーブルを拭く、おやつをもらいにいくなどお手伝いをやってみたがる時は、保育者と一緒に行うようにし、時間に余裕をもって進める。
- ズボンをはきやすいように、腰をかける台を準備しておき、足を入れやすくする。また、自分でしようとしている時、子ども自身のペースでじっくり行えるようにする。
- 少人数でひとつの遊び（ままごと等）を楽しめるよう、場所を分けるなど環境を工夫する。
- 友だちと一緒にいること、ごっこ遊びで友だちと言葉のやりとりをすることが楽しくなるように、友だちに関わろうとする姿や同じことをして遊ぶ姿を見守り、仲立ちする。
- トラブルが起きた時は、すぐに止めに入らず、様子をよく観察して「だめ」「嫌」の言葉の奥にある意図を代弁する。伝わっているという安心感を得ることで折り合いをつけられるようにする。

書き方のポイント

トラブルを想定し、適切な対応がとれるよう具体的に示しておきます。

- 音まねをし動きを表現する楽しさを味わえるように、聞いて楽しく、まねしたくなるような曲を使い、保育者が一緒にウサギやカエル、アヒルになって遊ぶ。
- 手作りマラカスで音を出す、季節の歌をうたうなどを、毎日の生活に組み込む。

保護者との連携

- 家庭で好んで食べるもの、食べないものの調理形態を聞き、食べようとする味を把握する。
- 園では「自分でやってみたい」気持ちが、一人でズボンをはくことなどの姿に表れていることを伝え、時間がかかっても見守り待つようにしていることを伝える。
- 音楽に合わせて動物になって体を動かたり、手作りのマラカスを鳴らしたりしていることを伝え、家庭での遊びに連動しているのではないかと話し合う。

りくとくんの振り返り

- 「ウサギさんはニンジンさん大好き、りくとくんも大好きだよね」「カエルのピーマンさんはどうかな」などと、まねっこ動物遊びと関連付けて食べるように促した。少しだけ味に慣れてきた。
- 遊んだ後や食前の手洗いや、食後に歯磨きをしようとしているタイミングで手をかけると保育者の手を払い嫌がるため、しばらく見守り、仕上げなどに手を添え援助することで、満足できている。
- 便座に誘っても嫌がる時があったが、月末ごろには、自分からトイレに行き少しだけ便座に座るだけで満足していた。慣れる過程として大切にする。
- 月末ごろになると、ズボンをはきやすいように置くことで、両手で持ち、足を片方ずつ通せるようになった。また、ズボンの前を両手でぐっと持ち上げるようになったが、お尻のほうはまだ上げられないため、さりげなく援助することで、自分でできた満足感を味わうことができている。
- マラカスを作り、音を出して楽しんだり、保育者をまねて、ウサギ、カエルなどになっていたが、その後は自分のイメージで動物になりきっていた。

右側の月表示：4月　5月　6月　7月　8月　9月　10月　11月　12月　1月　2月　3月

前月の子どもの姿と振り返り

Scene 1

振り返りにつながる観察記録

- ☑ タイミングが合うとトイレで排尿できる子が増えている。

- ☑ 気温の変化のため、体温が少し高い、鼻水が出るなどの症状のある子どもは、無理せずに室内で過ごすようにした。

観察と対応のポイント

排泄時は、子どもの「自分でできる」気持ちを大切にしましょう。

Scene 2

振り返りにつながる観察記録

- ☑ 手作りマラカスやタンバリンを鳴らしながら、楽しい振りつけで踊って楽しんだ。

- ☑ 日々の楽しそうな楽器遊びの様子を、発表会で保護者が参観し、子どもの成長を実感していた。

観察と対応のポイント

音を出したり、音楽に合わせて動くことを楽しむ子どもの姿をとらえます。

11月の振り返り

● 気温や天候に合わせて衣服の調節をし、鼻水が出る子や体温が平熱よりも高い子については無理をせず室内で過ごしたことで、体調を崩さずに過ごすことができた。

● タイミングが合うとトイレで排尿できる子が増えてきている。排泄前後に「自分でできる」という気持ちを大切にしてきたことで、ほとんどの子どもたちが自分でズボンや靴下を脱いだり、はいてみようとする気持ちが出てきた。

● 下手持ちでスプーンを持って食べることができるようになった。好きなものから食べられるうれしさはスプーンを使って一人で食べるからこそ経験できることなので、今後も楽しくおいしく食べる機会を十分にもつようにする。

● 寒い日が続いたり、子どもの体調を考慮したこともあり、戸外での遊びが先月よりも少なかった。そのような中、散歩に行ったり、園庭などで落ち葉やまつぼっくりを拾ったりなど、秋の自然に触れることができた。また、広い場所でかけっこしたり斜面を上り下りしたりと、体を動かして楽しんだ。来月も気温や時間などに配慮しながら戸外遊びを行っていきたい。

● 手作りマラカスやタンバリンを使って、音を出して楽しんだ。また、子どもたちが好む曲を選び、まねしたくなるような振りつけを考え、くり返し楽しく踊ったりしたことで、曲をかけると体を動かして表現する姿が見られるようになった。日々の楽器遊びのまとまりが発表会であるように、日常を大切にした保育を行う。

12月の保育のねらい

☑ 快適な生活環境の中で生活リズムを整え感染症を予防し、心地よい生活ができるようにする。

☑ 保育者に手伝ってもらいながら、身のまわりのことを自分でやってみようとする。

☑ 保育者や友だちと一緒に音楽遊び（リズム、楽器）や、体を十分に動かして遊ぶことを楽しむ。

連続性を踏まえて月案を作成

4月
5月
6月
7月
8月
9月
10月
11月
12月
1月
2月
3月

12月 月案

11月の子どもの姿

- 生活の節目節目に手を洗うことが身につきつつある。
- 促されトイレで排尿できるこが増えてきている。排泄前後に、ズボンや靴下を自分で脱いだり、はいたりしようとする。
- マラカスやタンバリンなどを使って音を出して楽しんだり、踊ったりする。

	保育の内容	環境構成
養護（生命の保持・情緒の安定）	●感染症（インフルエンザ、胃腸炎等）の流行期であることから、衛生的な環境の中で、すこやかに生活できるようにする。	●次亜塩素酸水による加湿を行い、室温（20〜23℃）、湿度（40〜60％）を調節するとともに、換気を確実に行う。
	●戸外と室内での衣服の調節を行い、心地よく過ごせるようにする。	●室内は暖房が入って暖かいので薄着で過ごす。
	●手洗い、鼻かみなどを保育者と一緒にしようにする。	●ティッシュペーパーは届くところに置き、近くにごみ箱を設置して、子どもが必要な時に使いやすいようにする。
	●一人でズボンやパンツをはこうとする。	●衣類の置き場所にその子の目印をつける。手や足の出るのはどこかなど、見てわかるようにし、手や足を通せるようにする。
教育（健康・人間関係・環境・言葉・表現）	●様々なメニューや食材に慣れ、味の違いに気づき食べてみようとする。	●食べきれる量を盛りつけるが、好まないものは少量にする。
	●尿意をもよおすとトイレに行き、保育者に見守られながら排尿しようとする。	●粗相をしても淡々とあわてず、すぐに対応できるようバケツに雑巾や消毒液を準備しておく。
	●簡単な身のまわりのこと（着脱、口拭き、手拭き、靴片づけ等）を自分でしようとする。	●子どもが見分けて使えるように、おしぼりに目印を付け、置き方を工夫する。 ●足を通しやすい向きにズボンを広げて、はきやすくする。
	●保育者や友だちと盛んに言葉のやり取りをしながら遊ぶ。	●生活や遊びの中でたくさんの言葉を覚えるので、コーナーに様々な生活用品を置き自由に使えるようにする。消毒もする。
	●模倣遊び（ままごと、人形の赤ちゃんをおんぶ等）や、パズルやなぐり描き、ブロックなどの遊びを楽しむ。	●遊び用品が取り出しやすく、すぐ使えるように置く。遊びに必要な量を整える。
	●かける、くぐる、ジャンプ、渡る、のぼるなど、体を使った遊びを楽しむ。	●用具（ハニートンネル、山のマット、マット、フープ、ソフト積み木等）は興味に応じて随時用意しておく。
	●保育者や友だちと季節の歌をうたったり手遊びをしたり、リズムに合わせて楽しむ。	●季節の歌や子どもが好きな手遊び（「サンタッタ」「おしょうがつ」「焼き芋」等）、効果的な小物を選んでおく。

書き方のポイント

行事や季節の歌やリズム遊びも、指導計画の中に位置づけしておきます。

保育のねらい

☑ 快適な生活環境の中で生活リズムを整え感染症を予防し、心地よい生活ができるようにする。

☑ 身のまわりのことを自分でやってみようとする。保育者や友だちと一緒に音楽遊びを楽しむ。

援助・配慮事項

● 一人ひとりの体温チェック、顔色などの健康観察を丁寧に行うとともに、生活の記録を踏まえて一日の流れを工夫する。

● 遊んでいる中で汗をかいたら着替えをし、さっぱりとした気持ちにする。

● 腕まくりをする、手指の間を洗うなどは保育者が援助し、子どもができるところはまかせる。鼻かみは両手で紙を持ち、「フン」と声をかける。

● 一人でできそうなところ、手助けが必要なところをわかって見守り、できたところをほめ、さりげなく手伝う。

● 「どんな味かな」「○○みたい」と子どもの興味をそそるような声かけをし、少しでも食べた時には大いにほめ、食材への抵抗を少なくする。

● トイレで排尿した時はほめ、間に合わず粗相してもトイレに行こうとしたことをほめて手早く始末する。

● その子のものの目印をきちんと伝え、ほかの人のものとの違いに気づくようにする。うまくできなくても自分でしようとしていることをほめる。

● 生活用品をどのように使っているか、言葉のやり取りを楽しめるようにする。

● 友だちとのやりとりの中で伝わりきれない思いは保育者が代弁し、やり取りがさらに膨らむようにする。

● 遊びの中でぶつかりが生じた時は互いに気持ちを整理しながらわかりやすく伝えていき、楽しく遊べるようにする。

● 一人ひとりの興味がどこに向いているのかを予測し、やってみたいことをできるだけ自由にできるようにするが、安全面に配慮する。

● 保育者や友だちと一緒にうたったり、表現遊びをしたりすることで、おもしろさが味わえるようにする。

個別の計画へ

職員の連携

● 感染症が流行しやすい時期なので、室内環境の衛生と手洗いの徹底、感染症の初期症状への対応を共通理解し、迅速に対応する。

● 健康状態に合わせて、戸外遊びや室内遊びなどの役割分担をして、柔軟に対応する。

● 発表会は子どもにとって特別な日であり、子どもの姿に合わせて対応できるよう、事前に保育者の動きや役割の確認を行う。

保護者との連携

● インフルエンザなどの感染症の流行状況や予防法について掲示物などで知らせ、検温し、体調の変化を伝え合い、早期発見につなげていく。

● 動きやすく、着脱しやすい衣服は「自分で」と一人でできやすいことを確認し合う。

振り返り

● 鼻水が出る子は多かったが、感染症は流行せず、体調を崩すこともなく、欠席が少ない1か月だった。今後も、こまめな換気や消毒を徹底し健康に過ごせるようにしていきたい。

● 生活の流れが一人ひとりわかってきて、身のまわりのことを一人でしようとする姿が見られる。声かけをすると手洗い場に行って手を洗う、ペーパータオルで拭くことができるようになってきている。おやつや食後の口拭きも上手にできるが、拭き残しがあるので仕上げは保育者が一人ひとり丁寧に関わっている。

● 排泄については、イヤイヤ期もあってその日の気分にもよるが、全員が便座に座るようになり、タイミングが合えば排尿できるようになっている。一人ひとりの発達に合わせた関わりを大切にしたい。

● 発表会の当日、保護者の前で低月齢児は自分なりに体を動かし、高月齢児はリズムに合わせて踊ることができた。その後の保育においても、ほかのクラスの曲に合わせて踊ったりして余韻を楽しんでいる。今後も、子どもたちに合った音楽遊びを楽しんでいきたい。

個別の計画 になちゃん（2歳6か月）

子どもの姿	●「○○先生おんぶ〜」と以前にはない甘えが見られるようになった。思うようにならないことがあると大泣きし、なかなか気持ちの切り替えができずに長引くことがある。 ●保育者の手伝いをしてあげたいと、「先生、スプーンどうぞ」と言ってスプーンを渡すなどし、自分でできることが誇らしいようだ。 ●ボタンはめに興味を示し、集中しながらボタンをはめる遊びを楽しんでいる。 ●保育者や友だちと一緒にリズムに合わせて踊り、発表会に向けての音楽遊びを楽しんでいる。 ●名前を呼ばれると「はい！」と張り切って返事をする。 

ねらい	●こうありたいという願いを受け止め、伝わっていることがわかるように関わる。 ●食具を持ち、最後まで一人で食べきる。 ●指先を使った遊びを楽しむ。 ●歌をうたう、踊るなど、音楽遊びを楽しむ。

内容（養護・教育）	●「悔しいね」「悲しいね」「こうしたかったの」など子どもの気持ちを代弁し、心のひだに触れることで、「わかってもらえた」と感じられるように関わる。 ●スプーンやフォークを三点持ちで一人で食べる。 ●ボタンはめやひも通しなど指先を使った遊びを楽しむ。 ●保育者や友だちと一緒に、体を動かしたり歌をうたったりして音楽遊びを楽しむ。

保育者の援助・配慮	●とらえにくく、難しいと感じることがあっても、「わかった、○○だったのかな」と推測したことを伝えてみて、子どものうなずきからとらえるようにする。これも子どもの成長の姿としてとらえる。 ●泣いて自分の気持ちを言えなくなった時は、落ち着くまでしばらく時間を置き、トーンダウンし平常に戻る様子を見守る。 ●食器を食べやすい位置に置き、スプーンやフォークを親指、人差し指、中指で三点持ちし、こぼしても一人で食べることを見守る。

<table>
<tr>
<td rowspan="1">保育者の援助・配慮</td>
<td>

- 集めにくいご飯粒や食材は保育者が集めたり、手を添えて一緒に集め、全部きれいに食べられたことを喜び合う。
- 保育者のエプロンのボタン外しやボタンはめを楽しんでいるので、じっとして遊べるようにする。ボタンはめの手作りおもちゃを用意して、じっくり遊べるようにする。
- コーナーで指先を使った遊びに集中できるようにする。他児の遊びの妨げにならないようにする。
- 楽しくクリスマスソングをうたうとともに、発表会の曲に合わせて体を動かしてみんなで楽しさを共有する。
- リズムを速くしたり、ゆっくりしたり、うたいやすく、踊りやすく調整する（「あわてんぼうのサンタクロース」「赤鼻のトナカイ」等）。

</td>
</tr>
</table>

4月
5月
6月
7月
8月
9月
10月
11月

保護者との連携

- 母親の妊娠が仕事と子育ての生活に変化をもたらしていないか、保育所で支援できることがあるかを聞く。
- 発表会に向けてうたう、踊るなどの活動を話すとともに、本番では恥ずかしがる場面も見られるかもしれないことを伝える。

書き方のポイント

弟や妹が生まれる時期の保育は、母親への対応も細心の注意が必要です。対応について、「保護者との連携」に書いておくとよいでしょう。

になちゃんの振り返り

12月

- 自己主張の時期に差しかかり、思うようにならず、情緒が不安定になりがちであったが、気持ちを受け止め、落ち着くのを待つようにした。何が嫌なのか、何をしたいのかを言えるようになり、安定して過ごせるようになってきた。
- 話に夢中になり、食事を食べ終えるのが遅くなりがちだが、「楽しく食べる」をモットーに、極端な場合は声をかけ援助する。
- 指先を使った遊びを、一人で集中しながら遊ぶことで、指の力が強くなってきた。
- リズムに合わせて張り切って踊る姿が見られた。発表会当日は恥ずかしがることもあったが、大きな声で返事し楽しそうに踊る姿に保護者も喜んでいた。
- クリスマスソングを毎日うたうことで、「あわてんぼうのサンタクロース」や「赤鼻のトナカイ」の簡単なフレーズを一緒に楽しむことができた。

1月
2月
3月

12月 個別の計画 | りくとくん（1歳9か月）

子どもの姿	● 手を洗う、歯磨きをするなど、保育者の手助けを拒み、一人でやろうとしている。 ● 「いや」と拒み、意図に添うことと添わないことをはっきりと主張する。 ● ズボンをはく向きに置くと、自分で片方ずつ足を通し前は上げられるが、後ろを上げることはまだ難しい。 ● 鼻水が出ると、拭いてほしいことを「鼻、鼻」と指をさして教える。 ● 「先生」と親しみを込めて呼び、甘えることが多くなってきた。 ● 名前を呼ばれると、「はい」と手をあげる。 ● 友だちと段ボールやフラフープの中に入って電車ごっこをし、かばんに食べ物のおもちゃなどを入れ「行ってきまーす」とお出かけごっこを楽しむ。  ● ステージに立ち、音楽に合わせてリズミカルに体を動かし楽しむ。 ● 「イチゴ」「パン」「バナナ」など食べ物の名前を覚え、言う。
ねらい	● 「自分で」と主張することと、「いや」と拒むことのくり返しをその都度受け止め、ありのまま生活できるようにする。 ● 様々な食材に興味をもち、味に慣れ、おいしく楽しく食べる。 ● 一人でじっくり取り組む遊びや、保育者や友だちと好きな遊びを楽しむ。 ● 保育者や友だちと一緒にうたい、音楽に合わせて自分なりに表現する楽しさを味わう。
内容（養護・教育）	● 「自分で」とこだわり、「いや」と拒むことは成長の姿ととらえて、意図に応じた適切な援助を行うようにする。 ● 「パン」「ダイコン」「おいしい」など、給食の食材に興味をもち、おいしく楽しく食べる。 ● じっくり取り組む遊び（パズル、なぐり描き）や模倣遊び（ままごと、電車ごっこ）、体を使った遊びなど、様々な遊びを選んで楽しむ。 ● 友だちと季節の歌をうたい、楽器を鳴らし、リズミカルに踊り楽しむ。
保育者の援助・配慮	● 「自分で」や「いや」には子どものこだわりがあるので、こだわりを受けとめ、できる限り願いがかなうようにする。 ● 短い言葉（二語文）に含まれる意図をくみとり、言葉を返し、気持ちが伝わっていると感じられるようにする。 ● ズボンをはく向きに置き、手に取りやすくする。遊びながらはくこともあるので、そばで見守り、ほめ、励まし、必要に応じてさりげなく援助する。

<table>
<tr><td rowspan="1">保育者の援助・配慮</td><td>

- 自分でやりたい気持ちをそがないように、気をつけて援助する。また、うまくいかないところを手伝い、動作に合わせてやり方を知らせる。
- 食材の問いには丁寧に答え、味や食感を子どもと共有しながら楽しく食事できるようにする。
- ままごと遊びや追いかけっこは、保育者が遊ぶきっかけをつくるが、他児を巻き込んで友だちと遊ぶ楽しさを感じられるようにする。
- トラブルのあった他児との思いのズレは、トーンダウンを待ち、互いの気持ちを代弁し聞いてもらえるようにする。
- 保育室ではおもちゃを使った遊び、ホールでは活動的な遊びと、子どもが選べるように、のびのびと遊べるようにする。保育者の立ち位置を話し合う。
- パズルやなぐり描きなどじっくり取り組む遊びは、それぞれコーナーで、集中できる環境を工夫する。
- 子どもの好きな動き（くぐる、走る、渡る等）を取り入れ、保育者や友だちと一緒に存分に体を動かし、楽しさを味わえるようにする。
- 「パプリカ」「へんしんぐるぐるぱ！」など好きな曲を流し、楽しそうと踊り出すようにする。
- 歌は、うたいやすいゆったりしたテンポや友だちと一緒にうたえる歌を選ぶ。

</td></tr>
<tr><td>保護者との連携</td><td>

- 発表会に向けて、音楽遊びを楽しむ姿を伝えるとともに、当日はいつもと違う環境の中、不安がり緊張することがあると伝える。
- 保護者は「いや」にどのように対応しているのか聞き取り、園での「自分で」と「いや」の対応法が、保護者と一貫性のある関わりにする。
</td></tr>
</table>

りくとくんの振り返り

- 戸外から保育室に戻る時など「やんだー」と言うことが多くなる。しばらく保育者も一緒に戸外で遊ぶなど、少しの時間待ってもらうことで満足できた。それでも満足できない時は、一対一で散歩に誘うと気持ちを切り替えられた。

- 食材の名前を覚え、好きな食べ物を言葉にして喜ぶ姿が見られる。「どんな味かな」など興味を引く問いかけをすると、友だちと一緒に「おいちい」と言いながら楽しい雰囲気で食事をすることができた。
- ままごとや体を動かす遊びでは、ホールと保育室の2つの場で自由に遊べるようにしたことが、遊びの盛り上がりとなった。子ども同士でのやりとりも少し見られた。
- 多くの保護者を目の前に、いつもと異なる場面に緊張し泣いたりしたが、踊って楽しむことができた。発表会の後も、ほかのクラスの曲や好きな曲に合わせて、保育者や友だちをまね、自然にリズムに合わせて楽しむようになっていた。

4月
5月
6月
7月
8月
9月
10月
11月
12月
1月
2月
3月

1月

前月の子どもの姿と振り返り

Scene 1

振り返りにつながる観察記録

☑ 発表会まで楽しんだ楽器遊びは、その後の遊びへと続いている。楽器遊びの場面が折にふれて出てくる。

観察と対応のポイント

発表会後の子どもたちの興味・関心をとらえます。

Scene 2

振り返りにつながる観察記録

☑ 鼻水が出る子が多かったが、感染症が流行することなく、体調を崩す子も少なかった。

☑ トイレや着替えなどを自分でやろうとする姿が見られ、うまくできなくても目はいきいきしていた。

観察と対応のポイント

身のまわりのことに取り組む子どもの表情や気持ちをとらえます。

12月の振り返り

- 鼻水が出る子は多かったが、感染症は流行にはならず、体調を崩すこともなく欠席児の少ない1か月であった。今後も、こまめな換気や消毒などを徹底し健康に過ごせるようにしていきたい。

- 生活の流れが一人ひとりわかってきて、簡単な身のまわりのことを一人でしようとする姿が見られる。声かけすると手洗い場に行って手を洗う、ペーパータオルで拭くことができるようになってきている。おやつや食後の口拭きも上手にできるが、拭き残しがあるので仕上げは保育者が一人ひとり丁寧に関わっている。

- 排泄については、イヤイヤ期もあってその日の気分にもよるが、全員が便座に座るようになり、タイミングが合えば排尿できるようになっている。一人ひとりの発達に合わせた関わりを大切にしたい。

- 発表会の当日、保護者の前で、低月齢児は自分なりに体を動かし、高月齢児はリズムに合わせて踊ることができた。その後の保育においても、ほかのクラスの曲に合わせて踊ったりして余韻を楽しんでいる。今後も、子どもたちに合った音楽遊びを楽しんでいきたい。

- 今月は、気温の低い日が続き室内で過ごすことが多かったため、ホールやフリースペースで体を十分動かして楽しんだ。雪が少なく雪に触れる機会がなかったので、来月に期待したい。

1月の保育のねらい

☑ 快適な生活環境の中で生活リズムを整え感染症を予防し、心地よい生活ができるようにする。

☑ 生活の流れを見通し、身のまわりのことを自分でやってみようとする。

☑ 保育者と一緒に様々な素材に触れ、手首や指先を使った遊びを楽しむ。

連続性を踏まえて月案を作成

4月
5月
6月
7月
8月
9月
10月
11月
12月
1月
2月
3月

1月 月案

- 簡単な身のまわりのことをやろうとする時、うまくできないながらも目はいきいきしている。
- 発表会での刺激からかその後も踊ったり、リズム遊びを盛んに行っている。

保育の内容	環境構成
養護（生命の保持・情緒の安定）	
● 正月休み明け、一人ひとりの体調や生活リズムを把握して、無理なく過ごせるようにする。	● ざわざわと賑やかすぎることで落ち着かない子どもは、静かに遊べるように保育室やホールにスペースをつくる。
● 感染症（インフルエンザ、胃腸炎等）の流行期なので、衛生的な環境の中で、すこやかに生活できるようにする。	● ごみ箱は、感染症予防のためにも早めに空にして溜め込まないようにする。
● 室内外の温度差に注意し、暖房器具の温度調節を行い、快適に過ごせるようにする。	● 暖房で室内が乾燥しがちになるため、保育室の温度（20〜23℃）や湿度（40〜60%）を確認し、加湿や換気を行いながら感染予防に努める。 ● 暖房でのどが渇きやすくなるため、水分補給の麦茶を準備する。
● 手洗いとうがいを十分に行い、保育室、遊具、おもちゃなどの消毒を常に行い、予防に努める。	● ハンドソープやペーパータオルがなくなる前に確認し補充しておく。
教育（健康・人間関係・環境・言葉・表現）	
● スプーン（フォーク）の扱いに慣れ、こぼしながらも食べようとする。	● すくいやすい食器を使い、調理形態も食具におさまるようにする。
● トイレに行き、タイミングが合うと排泄する。	● 滑らないようにいつも拭いて、乾いた状態にしておく。 ● トイレのスリッパは、はきやすいようにその都度並べておく。
● 簡単な身のまわりのこと（自分のタオルで口や手を拭く、コップを洗い場に片づける等）を自分でしようとする。	● 外した食事用エプロンやおしぼりを自分で片づけられるように、手洗い場にタライを設置する。 ● 自分のタオルを、一目でわかるようにたたんでおく。
● 保育者や友だちと一緒に見立て遊びやつもり遊びを楽しむ中で、簡単な言葉のやりとりを楽しむ。	● 子どもがイメージをもちやすいようなおもちゃや素材（カバン、バンダナ、布、人形、積み木等）を用意する。 ● 見立て遊びなどに使う簡単な用品（お面、箱自動車等）を、子どもと一緒に作ることを楽しむ。
● 様々な素材に触れながら指先や手首を使う遊び（丸める、貼る、紙を破る、ちぎる、なぐり描き、通すなどシール貼りやパズル、ひも通し等）を楽しむ。	● 子ども自らがやりたい遊びができるように、素材（シール、お花紙、折り紙、毛糸、紙粘土等）やおもちゃを事前に準備しておく。

保育のねらい

- ☑ 快適な生活環境の中で生活リズムを整え感染症を予防し、心地よい生活ができるようにする。
- ☑ 生活の流れを見通し、身のまわりのことを自分でやってみようとする。
- ☑ 様々な素材に触れ、手首や指先を使った遊びを楽しむ。

援助・配慮事項

- 登園時に泣かないではいられない背景を察し、子どもが自ら遊び出すのを待つが、気分転換が図れるようにホールや戸外などにも出てみる。
- 登園時、親子ともアルコール消毒をしてから園舎に入ってもらい、家族の健康状況も含めて把握する。
- 一日数回、体温の確認と記録、咳・鼻水、顔色などをチェックし、食欲の有無や遊びでの活気など、健康状態を確認する。
- 鼻が出ていることを伝えると一人で拭こうとするので、保育者が仕上げ拭きをし、きれいになった心地よさを知らせていく。
- 随時、子どもに気を配り、水を飲むように促す。

- 排泄後や食事前の手洗いを入念に行えるよう、保育者が手を添える。

- 一人ひとり食べきれる量が異なるので、盛り付けを調整して食べきる喜びを味わえるようにする。
- トイレの使い方（スリッパのはき方、脱ぎ方、手を洗う）を保育者と一緒に行ってみるが、できることのみ行うようにする。
- トイレで排泄できた時は、「スッキリしたね」などの体感を言葉で伝え、濡れてしまった時でもトイレでしようとしたことをほめてはげます。
- 甘えの気持ちが出てきているため、「して」と言った時はやさしく受け止め、無理にさせるのではなく丁寧に関わる。

- 子どもがなりきっていたり、イメージしていることをともに味わい、イメージが広がって遊びが盛り上がるようにする。
- 子ども同士の関わりを見守り、伝えようとしていることを保育者が代弁しやりとりを楽しめるようにする。トラブルは、互いの思いを受け止め橋渡しする。
- 手のサイズと合った大きさや長さの素材や用品を準備する。
- 初めて出会う素材に触れ、その感触を味わうことを経験内容とする。

個別の計画へ

職員の連携

- お正月休み中の子どもの様子や、保護者からの情報を共有し、共通理解しておく。
- 感染症などの発生状況や予防方法を確認して、迅速かつ適切に対応できるようにする。
- 自分でしようとする姿を認め、職員間で共通理解をし、一人ひとりに合った援助を行う。

保護者との連携

- インフルエンザなどの感染症に関して園内の感染状況を伝え、予防を呼びかけていく。家庭で感染症が出た時はすぐに教えていただき、登降園時は玄関での受け渡しとする。
- トイレトレーニングが始められる子の保護者には、パンツを用意していただく。

4月
5月
6月
7月
8月
9月
10月
11月
12月
1月
2月
3月

振り返り

- 長期休みがあったが、体調や生活リズムを崩すことなく登園することができた。日々の手洗いやおもちゃの消毒を継続して、感染症を最小限に抑えることができた。保育環境の維持と手洗いを丹念に行っていくようにする。
- 保育者の援助も必要であるが、"自分で"の気持ちが出てきたことで、自分のおしぼりで手や口を拭く、コップやエプロンなどを洗い場に片づける、鼻水が出たら自分で鼻を拭くなど、簡単な身のまわりのことを自分で行うようになってきた。"自分で"の気持ちがあるが甘えたい時もあるので、その時の気持ちに合わせて受け入れながら関わっていきたい。
- つもり遊びでは簡単なやり取りもできるようになり、友だちとの関わりを楽しむ。思いが伝わらずトラブルになる時は、保育者がとりなし他者の気持ちに気づくようにする。
- 手首や指先を使った遊びに子どもたちが興味・関心をもち、"やってみたい"気持ちを満たすようにした。

子どもの姿

- 「○○先生、抱っこ」「おんぶする」「一緒に眠りたい」など甘えを受け入れると、短時間で満足し、遊び始める。保育者という安全基地でエネルギーを蓄えステップとなっている。

- 上着はスムーズに脱ぐが、袖を通す、ボタンをするなどがうまくできず、もどかしくて泣くことがある。

- 食事を楽しみに待っている。話をすると手が止まり、食事は進まなくなる。

- 滑り台やマットを使い、体を動かして遊んでいる。バランスをとりながら平均台を渡るが、保育者に手を添えてもらうと楽しむ余裕がある。

- 自分でチーズのフィルムをはがす、おやつの袋を開けるなど、指先に力が入るようになった。

ねらい

- 「自分でできた」瞬間に一緒に喜びを共有し、達成感や充実感を味わえるようにする。

- おいしかった、食べ切ったという満足感を味わう。

- 体を十分に動かし、様々な動きをする。

- ルールのある遊びを友だちと一緒に楽しむ。

- 指先を使った遊びを楽しむ。

内容（養護・教育）

- 上着の袖に腕を通す、ファスナーを上げる、ボタンをするなど、子どものやりやすい方法を伝え、一人でできたという体験を積み重ねるようにする。

- 皿に残っているものを一人で集めて食べ、最後まで食べ切った満足感を味わう。

- 保育者が見守る中で、トランポリンやマット、低くした跳び箱を使う遊びを楽しむ。

- かくれんぼやオニごっこなど、ルールのある遊びを楽しむ。

- シール貼り、紙粘土、なぐり描きなど、指先や手首を使った製作遊びを楽しむ。

保育者の援助・配慮

- 子どものやろうとしていることに添い、少しずつできた喜びや満足感をもてるように援助する。「先生やって」「自分で」が交錯するので、試す・考えるをともにし、援助する。

- 片方の袖は通せるが、もう一方は見えないので腕を通しにくくイライラする。手伝おうとすると拒むので、自分でしようとしている時は見守り、待つようにする。

- おかずは集めやすいが、米粒は集めにくいので、手を添えて一緒に集め、全部きれいに食べられたことを一緒に喜ぶ。

- 巧技台に段差をつけておき、その段差を使ってジャンプしたり、渡り歩いたりなど、様々な跳ぶ遊びを楽しめるが、安全には十分に配慮する。

- オニごっこや「あわぶくたった」などで、友だちと一緒に逃げる、つかまるスリルを味わい楽しめるように、保育者がオニになる。

- くり返しがある言葉のやりとり（「もういいかい」「もういいよ」等）ができる遊びを取り入れ、まわりの友だちと一緒に楽しめるようにする。

- 細かく指先を使い楽しめるように、シール貼りやペンでのなぐり描きなどの機会を設ける。紙粘土などでの手の汚れが気になる子どももいるので、手拭きタオルなどを用意し気持ちよく遊べるようにする。

- どんな手袋を作ろうかイメージを膨らませ、わくわくして作れるようにする。「手袋あったかいかな」など声をかけ、満足感を味わえるようにする。

書き方のポイント

「手袋などの製作」は、どのように作るのか、発達の過程において経験する内容を具体的に示しましょう。

保育者の援助・配慮

保護者との連携

- 冬の感染症や流行について園の状況を伝え、体調に変化が見られる時は、早めに対応し連絡を取り合い、健康に過ごせるようにする。

- 描いたり貼ったりしていることが作品展に展示されることを伝え、作品展を待ち遠しく感じてもらえるようにする。

4月 5月 6月 7月 8月 9月 10月 11月 12月 1月 2月 3月

になちゃんの振り返り

- 毎日の遊びの中でボタンを留める遊びを行っていたので、次第に留められるようになった。上着の袖も片方は通し、もう片方はできないことについて、「自分でできない」と手助けを求めてくる。「できない」と「自分でしたかった」の間を揺れ動く時期なので、しばらくはそれに対応する必要がある。

- 体を動かすように、巧技台に段差をつけておくことにより、さらに「やってみたい！」という気持ちが出て、様々に跳ぶ遊びを楽しむことができた。

- オニごっこでは、逃げるスリルを喜び、タッチをされるとオニになるルールも理解してきている。逃げるおもしろさだけではなく、来月は、逃げる・つかまるをみんなで楽しめるように、「あわぶくたった」などのわらべ歌遊びを取り入れる。

- 指先を使って製作をすることに関心をもち、貼ったり描いたりを楽しむことができた。

1月 個別の計画 りくとくん（1歳10か月）

子どもの姿	●戸外から室内に戻る時など「いやだー」と言うことが多くなった。心残りがないようにしばらく遊ぶ、散歩をするなどで室内に気持ちを向けることができた。 ●「パプリカ」「へんしんぐるぐるぱ！」などの曲に合わせて、保育者や友だちと一緒に踊りを楽しんだ。 ●食材の名前を覚え、好きな食べ物の名前を言って喜び、食べている。 ●スプーンを上手持ちで使い、手首の返しを行えるようになってきたことで、こぼすことも少なくなる。すくいにくい時や、早く食べたい時は手を使って食べる。 ●四角いおもちゃを耳にあて「ママ？」と電話をかけたり、砂を手で握り「おにぎり」言ったり、イメージをもって遊ぶ姿が見られる。 ●「きらきら星」は、ゆっくりのリズムであれば一緒にうたっている。 
ねらい	●「いや」という言葉の奥の意図を察し応えることで、安心して気持ちを表せるようにする。 ●保育者に促され、トイレで排泄しようとする。 ●簡単な言葉でやりとりをしながら友だちと楽しく遊ぶ。 ●様々な素材に触れ、手首や指先を使った遊びを楽しむ。
内容（養護・教育）	●一人でやりたい気持ちや思い通りにならない葛藤をあたたかく受容し、達成感や満足感を味わえるようにする。 ●保育者に促され見守られて、ズボンを脱ごうとし、便座で排尿しようとする。 ●「貸して」「入れて」など、保育者に支えられて友だちに伝え、一緒に遊ぶ。 ●様々な素材に触れ、丸める、貼る、破る、ちぎる、なぐり描き、通すなど指先を使う遊びを楽しむ。
保育者の援助・配慮	●伝えようとする気持ちを受け止めながら、子どもの願いに添うようなことを具体的に、また選択できるように提示し、落ち着きどころを子ども自身が見いだせるようにする。 ●揺れ動く心や甘えをくみとり、共感し、どうしたいのか、何が嫌だったのかをやりとりして、思いや願いが満たされ、気持ちよく過ごせるようにする。 ●遊びの様子を見てタイミングよくトイレに誘い、便座に座ろうとした時は認め、ほめる。また、排尿できた時は一緒に喜ぶ。 ●ズボンやおむつは脱ぎやすいように最初の下げるところだけ保育者が援助し、最後は自分で下げるようにすることで、自分でできた満足感を味わえるようにする。

<table>
<tr>
<td rowspan="6">保育者の援助・配慮</td>
<td>

● 「貸して」や「入れて」「ちょうだい」などが言えず、ぶつかり合いが起こることがあるので、その場面に適した言葉を保育者が代弁し、子どもも伝えられるようにする。

● 子ども同士の関わりを見守り、自ら伝えようとするのを待つ。互いの気持ちがすれ違う場面では、双方の思いを代弁し橋渡しをする。場合によっては、待つことも知らせる。

● 段ボールや布などを準備し、見立て遊びを楽しめるようにする。また、友だちと一緒に遊べるように、数も十分用意する。

● やりたい時に製作や遊びができるように、素材（シール、お花紙、折り紙、毛糸、紙粘土等）を常に整え準備する。いつでも取り組めるスペースを整える。

● 粘土は初めて体験する感触なので、子どもの取り組みのペースを大切にする。丸める、細長くする、ちぎるなど様々な形を作り、子どもの興味を引きだす。

</td>
</tr>
</table>

<table>
<tr>
<td rowspan="2">保護者との連携</td>
<td>

● 友だちとの言葉でのやりとりや、自分の意思を言葉で伝えようとしていることなどを連絡帳に書いたり、日々のエピソードを話すなど、成長の姿をともに喜び合う。

● 手や指先を使って保育者と一緒に丸める、破る、通すなどができるようになってきたことを、エピソードを交えて伝える。

</td>
</tr>
</table>

りくとくんの振り返り

● 「いや」の気持ちが先月よりも強くなってきたことで、「だめ」「いや」と主張するようになる。先月に引き続き、気持ちを受け入れ満足できるまで関わることで、時間はかかるが、気持ちを切り替えることができている。今後、主張する気持ちがより強く出てくると予想されるため、思いや願いをくみとり、やりとりして気持ちが満たされるように関わる。

● 今まで自分からトイレに行っていたが、中旬ごろは誘っても「いや」と言うため、遊びの様子からタイミングを見計らって誘い、気持ちが向くまで待つようにすると、トイレに行く姿が見られた。

● ズボンを脱ぎやすいように、途中まで保育者が少し下げて援助すると、その後自分で下げることができる。しかし、立って片足ずつ脱げないため、台に座り片方ずつ脱ぐことを言葉で伝え援助すると、ほとんど自分で脱げるようになった。

● 今まで「先生」とそばに来て、保育者と一緒に遊ぶことを喜んでいたが、保育者よりも友だちのそばに行き同じ遊びを楽しむようになる。関心が友だちへと広がり、保育者から離れて遊べるようになってきた。

● 友だちとの関わりも多くなったことで、おもちゃの取り合いや相手に思いが伝わらず悲しい気持ちになることもあった。「貸して」「入れて」など本児の気持ちを代弁し、言葉で伝えるところを見せると、まねして伝えようとする姿が見られた。月末には「順番」と言って友だちの後ろで順番を待つ姿も見られた。

書き方のポイント

保育者と遊ぶことから、友だちと遊ぶことの楽しさに移行している子どもの育ちをしっかりと把握し、成長の姿と見守っている保育者の観点が伺えます。

4月
5月
6月
7月
8月
9月
10月
11月
12月
1月
2月
3月

前月の子どもの姿と振り返り

Scene 1

振り返りにつながる観察記録

☑ 年末年始の休み明けも生活リズムを崩す ことなく、元気に園生活を過ごすことが できた。

☑ 日々、手洗いやおも ちゃの消毒をしっか りと行うことで、感 染症を予防すること ができた。

観察と対応のポイント

感染症対策のため保 育環境の維持に努め ている点をとらえま しょう。

Scene 2

振り返りにつながる観察記録

☑ 紙粘土やペンなどに興味をもち、手指を 使った製作遊びを楽しんだ。

☑ つもり遊びでは、友だちと関わったりや りとりしたりを楽しむ様子が見られた。

観察と対応のポイント

ちょっと難しい遊び に取り組む子どもの 様子をとらえます。

112

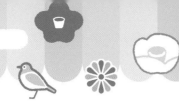

1月の振り返り

● 長期休みがあったが、体調や生活リズムを崩すことなく登園することができた。日々の手洗いやおもちゃの消毒を継続してしっかり行うことで、感染症を最小限に抑えることができた。保育環境の維持と手洗いを丹念に行っていくようにする。

● 個人差もあり保育者の援助も必要であるが、"自分で"の気持ちが出てきたことで、自分のおしぼりで手や口を拭く、コップやエプロンなどを洗い場に片づける、鼻水が出たら自分で鼻を拭くなど、簡単な身のまわりのことを自分で行うようになってきた。"自分で"の気持ちがあるが甘えたい時もあるので、無理にさせるのではなく、その時の気持ちに合わせて受け入れながら関わっていきたい。

● つもり遊びでは簡単なやり取りもできるようになり、友だちとの関わりを楽しむ。思いが伝わらずトラブルになる時は、保育者のとりなしが大切である。

● 手首や指先を使ったちょっと難しい遊びが子どもたちの興味・関心につながったことで、"やってみたい"気持ちで取り組めていた。

2月の保育のねらい

☑感染症予防に努め、体調の変化に留意し、健康に過ごせるようにする。

☑保育者の見守りの中で、簡単な身のまわりのこと（手洗い、着脱、排泄等）を自分でしようとする。

☑氷や雪などの自然に触れ、冬の遊びを十分楽しむ。

連続性を踏まえて月案を作成

4月 5月 6月 7月 8月 9月 10月 11月 12月 1月 2月 3月

2月 月案

保育の内容	環境構成
養護（生命の保持・情緒の安定）	
● 室内外の温度差に留意し、加湿や換気を十分に行い、快適に過ごせるようにする。	● 保育室を定期的に（1時間に1回）換気を行う。加湿器、暖房を利用しながら、温度20〜23℃、湿度40〜60%を保つようにする。
● 遊具、おもちゃ、室内の安全点検や整備を行うとともに、消毒（おもちゃ、便座等）も行い、衛生的な環境を保てるようにする。	● 毎朝、噴霧器の次亜塩素酸水の量を確認する。 ● 子どもたちが遊んだ後やトイレ使用後の消毒を徹底する。 ● 感染症が出たら情報を掲示し、全職員が把握できるようにする。
● 簡単な衣服の着脱を自分でしようとする姿を見守る。	● 子どもたちが着脱しやすいように、ズボンやおむつの前後を揃えて準備する。
● 尿意を知らせ、自らトイレに行き、排泄できるようにする。	● トイレのスリッパはすぐはけるように並べ、便座を温めておく。 ● ハンドソープは子どもたちの手の届くところに置く。
● 鼻水や手の汚れの不快さに気づき、きれいにして過ごせるようにする。	● 鼻水が出た時に自分で拭けるよう、ティッシュペーパーは子どもが使いやすい大きさにたたみ、ごみ箱を近くに設置する。
教育（健康・人間関係・環境・言葉・表現）	
● スプーンを下手持ちにして食べる。	● こぼれた食品を入れる皿などを準備しておき、拾い集める。
● 尿意を知らせ、トイレに行って排泄しようとする。	● おもらした場合に備えて、布パンツや着替えを十分用意しておく。
● ごっこ遊びや見立て遊びを通して言葉のやり取りを楽しむ。 ● トランポリン、ボルダリングなどで体を動かして遊ぶ。	● 簡単なごっこ遊びや見立て遊びが楽しめるおもちゃ（人形、おんぶ紐、エプロン、キッチン用具、丸テーブル等）を準備する。 ● ホールの道具は各年齢が使用するので、時間帯を話し合う。
● 冬の自然（雪・みぞれ・氷等）に触れて、興味をもって遊ぶ。	● 天候、気温、園庭や「おひさま広場」の積雪量と、危険箇所を確認する。温度の測定とともに子どもの体感温度も判断の目安とする。 ● 子ども用のシャベルやバケツなど、雪遊び用品を準備する。 ● 子どもたちが歩きやすいように雪を踏んで固め、雪をさわって遊ぶなど雪の様々な感触を楽しむことができるようにする。
● 指先で丸めたり、ちぎったり、シールを貼ったりして遊ぶ。	● 色や形、素材を自分で選べるように、種類と数を多めに用意する。 ● 素材を切ったり貼ったりできるよう、扱いやすい大きさにする。

保育のねらい

☑ 感染症予防に努め、体調の変化に留意し、健康に過ごせるようにする。

☑ 保育者の見守りの中で、簡単な身のまわりのことを（手洗い、着脱、排泄等）自分でしようとする。

☑ 氷や雪などの自然に触れ、冬の遊びを十分楽しむ。

援助・配慮事項

● 感染症予防のために、室内の消毒をこまめにする。発熱や嘔吐が見られた時には、看護師と連携して迅速に対応し、迎えまでの時間は別室で過ごし、感染が広がらないようにする。

● 家庭に感染者がいる場合は教えていただき、送迎の際は、玄関にて子どもを預かる。

書き方のポイント

衛生管理は子どもに任せきりにせず、保育内容に位置づけます。どのように援助をするのかをきちんと示しましょう。

● 一人ひとりのプロセスに応じて、少しでもできた喜びに共感し、またしてみようという気持ちにつなげられるような声かけをする。

● 石けんの量や蛇口の開閉の仕方、袖のまくり方を保育者がそばで教え、きれいになった気持ちよさが感じられるようにする。

● 鼻をかむ時、口を閉じて「フン」とすると、すっきりして気持ちよくなる体感をする。

● きれいになり、すっきりした姿を鏡に映して見る。

● 食器に手を添えてスプーンは下手持ちだとすくいやすく食べやすいことを伝え、保育者も一緒に食べるようにする。

● 布パンツで過ごしおもらしもあるが、子ども自身が不快を感じているのですぐきれいにし、励ます。尿意のタイミングを保育者が察する。

● 一緒に遊ぶ時は、思い通りにならないこともあり、相手の気持ちに気づく機会になるので仲立ちを行う。

● スノーウェアは保育者が着せ、帽子や手袋はできるところは子どもが一人でするよう励ます。

● 雪や霜、氷などに触れ、冷たいという感触に子どもが気づいたりした時は共感する。子どもの手に合った雪玉を作り、遊べるようにする。

● 誰にプレゼントをしたいかなどの会話をしながら製作する。

個別の計画へ

職員の連携

● 感染症予防のために、受け入れ時の健康観察を丁寧に行い、子どもの体調の変化に関する情報を共有できるようにする。

● 子どもたちの育ちの過程を把握し、一人ひとりに対する援助の仕方や言葉がけ、促し方についてを保育者間で共有し、子どもが混乱しないようにする。

保護者との連携

● 冬季の感染症について、常時、感染者の人数や流行している感染症の症状を知らせる。体調の変化には迅速に対応できるようにする。また、登園時の聞き取りをしっかり行うとともに、家庭の状況も把握する（新型コロナウイルス、インフルエンザ等）。

振り返り

● 消毒の徹底、換気、次亜塩素酸水での加湿などで、感染症の広がりを最小限に抑えられた。ハンドソープを使用し、手のひらや指の間も子どもなりにきれいに洗えるようになり、手洗いの習慣もついてきた。引き続き、手洗いへの援助を丁寧に続けていく。

● 布パンツで過ごす子はたまにおもらしもあるが、尿意を感じると自ら「おしっこ出る」と教えられるようになってきている。

● 着脱には個人差があるが、前後がわかるように揃えておくことで、自分ではいてみようとする子が多くなっている。鼻かみは、ほとんどの子がティッシュペーパーを自分で取って拭くことができるが、ごみ箱とティッシュペーパーを置く位置の工夫が必要である。生活の流れがわかり、身のまわりのことも積極的にしてみようとする気持ちが大きくなっているので継続して丁寧に援助していく。

● 戸外で存分に体を動かして遊び、食欲もあった。雪が降った時には小さな雪だるまを作ったり、バケツに雪を入れてさわったりしながら冷たいと感じることができた。

2月 個別の計画 | になちゃん (2歳8か月)

子どもの姿

- 食後の片づけ、洋服を着るなど、一人でできるようになってきた。できないところは「先生してちょうだい」と手助けを求める。手助けをすると「自分でしたかった！」と言うなど、甘えと自立が混在し揺れ動きながら育っている。
- 雪遊びを期待しているが、雪が積もらないので残念がり、雪が降ってくるのを待っている。
- トランポリンや平均台などのバランス遊びを楽しんでいる。
- 集団遊び（かくれんぼ、オニごっこ）では、「もういいかい」「もういいよ」のフレーズが気に入りくり返しを楽しんでいる。
- まつぼっくり、どんぐりなどで「どんなものを作ろうかな」と楽しみにしている。

ねらい

- 食前食後のあいさつや身のまわりことを、一人で行える満足感を味わえるようにする。
- 冬の自然の変化に気づき、発見し、冬の遊びを存分に楽しむ。
- ごっこ遊びや集団遊びを通して、友だちや保育者と言葉のやりとりを楽しむ。
- 様々な素材に触れ、指先を使って遊ぶ。

内容（養護・教育）

- 身のまわりのことを一人でやりたいが、うまくいかないジレンマを受け止め、何とかできたと感じられるように手助けする。
- 雪や氷に触れる、発見するなど、冬ならでは遊びを楽しむ。
- 追いかける、逃げる、つかまえるなどのくり返しのある遊びを楽しむ。
- 指先、手首、手のひらを使い、描く、粘土を丸める、ちぎる、貼るなどを楽しむ。

保育者の援助・配慮

- 自立したい思いと甘えたい気持ちの揺り戻しが、「できない」「やって」とあらわれるので受け止め、気持ちを立て直すのをじっくり待つ。
- 食前食後の準備、「いただきます」「ごちそうさまでした」のあいさつを通して、生活の節目を体感するとともに楽しくおいしく食べる。
- 手洗いの仕方を知り丁寧に洗おうとする、鼻水が出ると拭くなど（両手での鼻かみはまだ難しい）、清潔の習慣が身につくように、一つひとつの場面で「自分でできた」という喜びを味わえるようにする。

保育者の援助・配慮

- 着慣れていない防寒着を、一人で着てみようとしている。すぐに手伝うと拒むので、様子を見ながら「ここまでできたね」とできたところをほめる。ファスナーを上げる、防寒ズボンをはくなど、さりげなく援助する。

- 氷や雪に触れて、「冷たい」「ヒヤッとする」などを体感する。楽しんでいるのか、嫌がっているのかを読み取り、その子の限界と判断した時は、すぐに保育者の手で握ったり、手袋をはめたりして、あたためる。

- 「あわぶくたった」の「何の音？」「○○の音」のやりとりでは、子どもがドキドキ・わくわくするように、「○○の音」に強弱をつけ、「お化けの音〜」と怖そうに言うなど表現を工夫する。

- 季節のカレンダー作りで、描いたり作ったりした春の桜や季節の果物・野菜（イチゴ、スイカ、リンゴ等）に、「どんな色？」「どんな味？」と問いかけをする。

- まつぼっくりなど自然物を切ったり貼ったりして作ったメモスタンドや季節のカレンダーを飾る。

書き方のポイント

子どもが何をどのように作るのか、この月齢の子どもの"製作過程"が具体的に浮かびあがるよう、ハサミやのりを使うのか、描くのか貼るのかなど、具体的に書きましょう。

保護者との連携

- 保護者参観では、展示作品について、素材を選んだ理由、取り組みの過程や表情、つぶやきなども詳しく伝え、ここまでの成長をともに喜び合う。

- 衣服や防寒着などの身のまわりのことを一人でしてみようとする姿を保護者と喜び合い、家庭での様子も聞きながら、同じ方法・態度で関われるようにする。

になちゃんの振り返り

- 一人でやってみてもできないところは、「先生にお手伝いしてもらおう」と、考えている。スムーズにできなくでも混乱しなくなってきた。

- 防寒着を着て雪遊びをした。「もぐら山」での尻滑りでは、緩やかなスピード感を楽しんだ。また、園庭の雪の上の散歩はこれまでと違った体験で、冬ならではの気づきをしていた。来月も、引き続き冬ならではの経験を多く行うようにしたい。

- 「あわぶくたった」の「何の音？」「○○の音」で、そのものになりきって表現するやりとりを行った。言葉に意味や表情が加わり、楽しさが倍増していた。

- 様々な素材に触れる、その特性に合った手指の使い方をするなど、新たな体験も多くあった。指先を使った遊びが好きで、加えて新たな体験に興味を示し、集中して取り組んでいた。母親に見てもらえるという期待もあり、集中していたのだと思われる。家族が見に来て、皆にほめられた満足感で笑顔が見られた。保護者とも成長を喜び合うことができた。

4月
5月
6月
7月
8月
9月
10月
11月
12月
1月
2月
3月

2月 個別の計画 りくとくん（1歳11か月）

子どもの姿

- 「いや」という気持ちが先月よりも強くなり、「だめ」「いや」と言うことが多くなった。また、自分が使っているおもちゃを取られそうになると「あく（りくと）の！」と必死に伝えるようになる。
- 気持ちが向かないとトイレに行くことを嫌がる。遊ぶ様子を見て誘い、待つことで、時間はかかるが自らトイレに向かう。排尿はまだしない。
- 脱げなかったズボンも、最初の下げるところと必要な時だけ手を添えると、自分で脱げるようになった。
- 今まで保育者と一緒に遊んでいたが、保育者よりも友だちのそばで同じ遊びを楽しむ姿が見られるようになった。
- 「貸して」「入れて」と、保育者が言っていた言葉を聞き覚えたのか、自分で伝えるようになる。月末には「順番」と言って友だちの後ろに立ち順番を待つ姿が見られた。
- 長方形に切った段ボールで体を囲い、友だちと一緒に入って遊ぶことを楽しんでいる。
- 赤・青のほかに、黄色や黒色も覚え、なぐり描きをしながら色の名前を口にしていると、一緒に遊ぶ友だちもまねして「赤」「青」と言うようになる。

ねらい

- 簡単な身のまわりのことを自分でしようとし、できた喜びを味わえるようにする。
- トイレに行き、タイミングが合えば排尿する。
- スプーンやフォークを使って、一人で食べる。
- 保育者や友だちとの言葉のやりとりを楽しむ。
- 氷や雪などの自然に触れ、冬の遊びを楽しむ。

内容（養護・教育）

- 思うようにいかない気持ちも保育者に受け止めてもらい、簡単な身のまわりのこと（おやつの袋を開ける、エプロンやタオルを片づける等）をしてみようという気持ちをもてるようにする。
- 保育者とトイレに行き排泄し、スリッパをはく・脱ぐ、手を洗うなども一緒に行う。
- 食前食後のあいさつや準備・片づけを行い、一人で食べることを楽しむ。
- 生活や遊びの中で、保育者や友だちと言葉のやりとりを楽しむ。
- 戸外に出ることを喜び、雪や氷に触れ、様々なものを発見し驚きや不思議さを感じる。

保育者の援助・配慮

- 「おいしいね」「甘いね」「これは何だろう」などと会話をし、友だちと食べることが楽しいと思えるようにしていく。
- スプーンですくいやすいように、さりげなく皿の中の食べ物を集める。フォークを使いやすいように食べ物を小さく切るなどして、食べようとする気持ちを損なわないようにする。
- 一人で開けられたと思えるように、おやつの袋は、切り口を少し開けてから、子どもに渡す。

保育者の援助・配慮

- エプロンやタオルを片づけようとした時は、両手で持ちやすいように小さくまとめて渡し、水場まで自分で片づけた満足感を味わうようにする。片づける場所がわかるように水場にタライを置く。

- トイレのスリッパをそろえ、はきやすいようにする。足が入らない、脱げない時は、スリッパに手を添えて援助する。

- 便器の水を流して遊び始めることもあるため、少しだけ見守るが、様子を見て手洗いやおむつ、ズボンをはくなどに誘う。

- 一緒に遊ぶ楽しさや思い通りにならない気持ちを受け止め、相手の気持ちや相手がどんな表情をしているのか言葉で伝え、相手の気持ちを少しずつ感じられるように関わる。

- 言葉が増えているため、保育者もはっきりとゆっくり応答する。本児の言葉に感情語を添えることにより「そんな気分」「同じ気持ち」など、子どもが感じていることと響き合うようにする。伝わるうれしさや話す楽しさにつなげる。

- スノーウエアを嫌がる時は、無理に着せようとせず、登園時に着る防寒具で戸外に出るようにする。また、スノーウエアを着ていないと、雪が冷たくて転がったりできないことに気づくように言葉がけをし、保育者や友だちの姿を見て自分も着て遊びたいと思えるように関わる。

- 始めての雪遊びになるので、嫌がった時は無理に誘わず一緒に雪を見る、触れる、歩く経験から始め、様子を見て雪玉や雪だるま作りなどを見せ、誘う。

- 雪や氷に触れて、冷たさや触れると溶ける不思議さ、足で踏むと足跡ができることや音が聞こえる楽しさを一緒に楽しみ、話しかけには耳を傾け言葉を返し共感する。

保護者との連携

- ほぼ自分でズボンの着脱ができるようになったことや、タオルで口を拭くなど簡単な身のまわりのことも少しずつできるようになってきたことを伝え喜び合う。

- スプーンやフォークを使って、友だちと楽しくやりとりしながら食事をしている姿を伝え、家庭での様子も聞き、共感する。

りくとくんの振り返り

- おやつの袋を自分で開けようとする姿や、食後にタオルとエプロンを自分で片づけようとする姿が見られた。中旬ごろには、毛糸の帽子を自分でかぶろうとする姿や防寒具を自分で脱ごうとする姿も見られた。自分でできた喜びや満足できる経験を重ねたことで、少しずつできることが増えている。

- トイレのスリッパをはく・脱ぐを面倒がり、そばについて援助するとスリッパをはくが、そばにいないとはかずにトイレに行ってしまう。

- 食事やおやつの時に「ます（いただきます）」「ぷっちった（ごちそうさまでした）」とあいさつできるようになった。フォークも食べ物を小さく切ることで、「チックン」と言って刺して食べられるようになり、スプーンとフォークを使って食べることを楽しんでいる。

- 泣いている友だちを見つけてかけより、「なーなー」と言って頭をなでる姿や、おもちゃを「どうぞ」と貸す姿など、友だちと関わり、やりとりをする姿が見られる。

- うっすら積もった雪に触れて、冷たさや触れると溶ける不思議さに気づき楽しむことができた。

書き方のポイント

できればスリッパははかないでいたいという子どもの姿をとらえています。この記録を、トイレ環境について考える機会にしましょう。

4月 5月 6月 7月 8月 9月 10月 11月 12月 1月 **2月** 3月

3月

前月の子どもの姿と振り返り

Scene 1

振り返りにつながる観察記録

☑ 遊んだ後やおやつの前に手を洗うなど、見通しをもって生活できるようになってきた。

☑ 着替えや鼻かみなど、身のまわりのことを自ら取り組もうとする姿が見られる。

 観察と対応のポイント

進級に向かって、子どもの育ちや気持ちの変化をとらえます。

Scene 2

振り返りにつながる観察記録

☑ 友だちとの関わりが盛んになる一方で、おもちゃの取り合いなどで保育者に助けを求める姿があった。

☑ ハンドソープを使用し、手のひらや指の間も丁寧に洗い、手拭きも行うようになった。

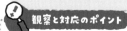 **観察と対応のポイント**

手洗いやうがいの習慣が身に付くように、ハンドソープ、ペーパータオル、ごみ箱は子どものやりやすさを考えて設置します。

2月の振り返り

- 消毒の徹底、換気、次亜塩素酸水での加湿などで、感染症の広がりを最小限に抑えられた。ハンドソープを使用し、手のひらや指の間も子どもなりにきれいに洗えるようになり、手洗いの習慣もついてきた。引き続き、手洗いへの援助を丁寧に続けていく。

- 布パンツで過ごす子（高月齢児）はおもらしもあるが、尿意を感じると自ら「おしっこ出る」と教えられるようになってきている。

- 着脱には個人差があるが、前後がわかるように揃えておくことで、自分ではいてみようとする子が多くなっている。鼻かみは、ほとんどの子がティッシュペーパーを自分で取って拭くことができるが、ごみ箱とティッシュペーパーを置く位置の工夫が必要である。生活の流れがわかり、身のまわりのことも積極的にしてみようとする気持ちが大きくなっているので継続して丁寧に援助していく。

- 雪遊びはあまりできなかったが、戸外で存分に体を動かして遊び、食欲もあった。雪が降った時には小さな雪だるまを作ったり、バケツに雪を入れてさわったりしながら冷たいと感じることができた。お絵描きやシール貼り、紙遊びに興味をもつ子が多くなってきたので、部屋にペンや紙、広告紙を準備しておき、要求が出たらすぐに出せるようにしておく。

3月の保育のねらい

☑ 生活の仕方がわかり自己発揮しながら、安定した気持ちで進級できるようにする。

☑ 見通しをもって生活し、簡単な身のまわりのこと（食事、着脱、排泄等）を自分でしようとする。

☑ 様々な遊びの中で保育者や友だちとの関わりを楽しむ。

連続性を踏まえて月案を作成

4月　5月　6月　7月　8月　9月　10月　11月　12月　1月　2月　3月

3月 月案

- 「おやつだから手を洗おうね」など促すと、おもちゃを片づけたり、手を洗おうとしたりなど、見通しをもって生活ができるようになってきた。
- 仲間と遊んでいたかと思うと、トラブルになることが多い。

保育の内容	環境構成
養護（生命の保持・情緒の安定）	
● 生活の中で、健康に過ごす習慣（手洗い、鼻をかむ）が少しずつ身につくようにする。	● ハンドソープは子どもたちの手の届きやすいところに置く。 ● ティッシュペーパーは、子どもたちの手が届き、保育者の目の届くところに置く。 ● ごみ箱は手洗い場の近くに設置し、ペーパータオルを使用後はすぐに捨てられるようにする。
● 活動量や活動範囲が広がっているので、存分に体を動かして安全に遊べるようにする。	● おもちゃを片づけるなどし、広いスペースで安全に遊べるように場所を確保する。
● ジャンパーを着る、靴をはく、帽子をかぶるなど、戸外へ出かける準備を自分でしようとする姿を見守る。	● 靴下をはく、ジャンパーを着る、帽子をかぶる、靴をはくなど、戸外遊びの準備が自分でできるような環境設定をする。
● 保育者に見守られる安心感の中で、興味をもった場所でのびのびと遊びを楽しめるようにする。	● おもちゃの内容、位置、清潔安全など、子どもが安心して遊び、生活できる環境を整える。 ● 1歳児クラスで（2クラス）交流の機会を多くつくる。
教育（健康・人間関係・環境・言葉・表現）	
● 食事までの流れがわかり、保育者や友だちと一緒に食べることを喜ぶ。	● 食事用エプロンを自分で取れるようテーブルに並べておく。 ● 子どもたちが動きやすいように動線に沿った環境を設定していく。
● 排泄後はトイレットペーパーで拭いたり、水を流したり、後始末を自分でしようとする。	● トイレットペーパーは、取りやすいように1回分ずつにしておく。排便後は保育者が拭く。
● 友だちに関心をもち、同じ遊びをしたり、一緒に過ごしたりすることを喜ぶ。	● ごっこ遊びのイメージができるような小道具（弁当箱、チェーン、エプロン、おんぶひも等）を用意し、使いやすいように整理する。
● 友だちや保育者の名前を呼び、やり取りを楽しむ。	● 好きなものを選んで遊べるように、ままごと、絵本、車、電車、お絵描き、パズルのコーナーをつくる。
● 行事や散歩を通して、冬から春への移り変わりを感じながら、戸外で体を動かして遊ぶ（三輪車、押し車、追いかけっこ等）。	● ひな壇を飾り、季節が感じられるような環境の工夫をする。 ● 「うれしいひな祭り」の歌をうたう。 ● 保育者は前列、中間、後列に分かれ、危険がないか目が届く立ち位置で歩くようにする。
● うたったり、わらべ歌（「あわぶくたった」「さんぽ」等）やリズムに合わせて体を動かしたりして遊ぶ。	● 簡単な動作や歌をまねして楽しめるようなわらべ歌（「あわぶくたった」「おおかみさん」等）を準備する。

保育のねらい

- ☑生活の仕方がわかり自己発揮しながら、安定した気持ちで進級できるようにする。
- ☑見通しをもって生活し、簡単な身のまわりのこと（食事、着脱、排泄等）を自分でしようとする。
- ☑様々な遊びの中で保育者や友だちとの関わりを楽しむ。

援助・配慮事項

- ●ハンドソープの押しかげんを手を添えて行う。
- ●その際、「ここはお手伝いしてもいいかな？」と子どもに聞いてから手伝うようにする。
- ●ティッシュペーパーは、子どもの手の届くところに置くが、遊んでしまう時もあるので、「鼻をかもう」と声をかけながら鼻を拭き、心地よく遊べるようにする。
- ●ホールは滑りやすいので、走り回って遊びたい子は靴下を脱いでいるか必ず確かめ、子どもの動きに十分に気をつけて、転倒やケガのないようにする。
- ●一つひとつやってみようとする姿を認め、うまくいかない時は途中まで手伝い、さりげなく援助しながら、できた喜びが味わえるようにする。
- ●遊びたいと思っていない場合は、無理に誘わず友だちが楽しんでいる姿を一緒に見たりして、安心できるようにする。

- ●自分でしようとする気持ちを大切にしながら、いすの座り方、スプーンの使い方、茶碗に手を添えることなどを知らせていく。
- ●汚れたおむつやパンツを替えて不快感を取り除き、心地よさが感じられるよう保育者はゆったりと接し、子どもが自らトイレで排泄しようとする気持ちを育てる。
- ●保育者は遊びをを見守り、遊具の取り合いなどでぶつかり合った時には、「○○ちゃんもこれ使いたかったんだね」「まだ使ってるから待ってね」などと、互いの思いを保育者が代弁し、言葉でのやりとりをするように伝えていく。
- ●子どもたちのイメージに寄り添い、簡単な言葉を交わしたり遊びに加わったりしながら、子ども同士の関わりを増やしていくようにする。
- ●戸外遊びや散歩を通して、子どもたち自身が感じたことや、つぶやきに耳を傾け、気持ちに寄り添っていく。

- ●季節の歌をうたったり、イメージするものになりきったりなど、動作や言葉で表現する姿を受け止める。

個別の
計画へ

職員の連携

- ●季節の変わりめで体調を崩しやすいので、朝の受け入れ時の健康観察を一人ひとり丁寧に行い、保育者間で共通理解を図る。
- ●1年間の成長と発達を振り返り、次年度への担任に一人ひとりの性格や好きな遊び、援助の仕方などをしっかりと引き継ぐ。
- ●2クラスで一緒に遊んだり食事をしたりしながら仲間の顔を知り、生活の場を広げて、無理なくクラス移行ができるようにする。

保護者との連携

- ●1年間の成長を喜び合い、クラス移行は無理のないように進めていくことを伝えるとともに、保護者の質問や不安に丁寧に応えていく。
- ●感染症が流行しないよう、園での対応や家庭での協力（体調の変化、検温）を丁寧に伝えていく。

4月
5月
6月
7月
8月
9月
10月
11月
12月
1月
2月
3月

振り返り

- ●一日の生活の見通しが立ち、簡単な身のまわりのこと（食事、着脱、清潔等）ができるようになってきた。「自分で」という思いが強く、保育者の手伝いを拒む時は、時間がかかってもしばらくは見守るようにした。
- ●友だちとのつもりや見立て遊びにおいて、言葉のやり取りが遊びを一層楽しいものにしている。遊びの状況に応じて、日用品やおもちゃなどを準備し、衝立などでスペースを分けて環境づくりを行い、イメージをより一層膨らませ、遊びが盛り上がるようにしていく。
- ●「さくら組になるんだ！」と進級を楽しみにしている子どももいるが、まだ、特定の担当保育者でないと安心できない子どももいる。十分に気持ちを受け止めながら、保育室と担当保育者への移行期間を長くとり、ゆるやかに慣れていくようにする。

3月 個別の計画 ｜ になちゃん （2歳9か月）

子どもの姿

- やりたいことがうまくいかない時や意図が伝わらずじれったく思う時も、保育者に声をかけられたり、見守られていると感じると、早めに落ち着くようになった。

- 母親が妊娠中であることがわかり、「赤ちゃんは女の子がいい！ パパは男の子がいいって！」楽しみにしている。

- 久々に降ってきた雪で雪遊びや散歩をした。指先に力がついてきたことで、ボルダリングなど友だちと楽しんでいる。

- わらべ歌遊びが盛んになり、特に「おおかみさん」が気に入っている。「おおかみさーん」と呼び、おおかみから追いかけられ、逃げる時にドキドキするのを楽しんでいる。

- 「さくら組さんになるんだよね！」としばしば言い、2歳児クラスになることを楽しみにしている。

ねらい

- 「○○したい」や願いを受け止め、友だちとの生活が楽しいと感じられるようにする。

- 生活に必要な習慣を身につける。

- 粗大運動や微細運動を存分に楽しむ。

- 友だちとやりとりをしながら、遊びをくり返し楽しむ。

- ひとつ大きくなることへの誇らしさと、進級することへの期待をもつ。

内容（養護・教育）

- 友だちとの関わりの中の楽しさやもどかしさを受け止め、自己を十分に発揮できるようにする。

- 生活を見通し、手洗い、うがい、片づけなどをしようとする。

- 三輪車やボルダリングなどの全身運動と、パズルなどの指先を使った遊びを楽しむ。

- ごっこ遊びやわらべ歌遊びではイメージを膨らませ、言葉のやりとりを楽しむ。

- 年上の子と遊ぶことや、2歳児の部屋で遊ぶことを通して、進級を楽しみに待つ。

保育者の援助・配慮

- 子どもの意図することを「○○したかったんだね」と代弁し、伝わっていることを感じるようにし、応答的対応をする。

- 遊んだ後や食後は自分のコップでうがいをし、コップを片づける。遊んだ後はおもちゃを元の場所に戻すことを、生活の中でくり返し行うようにする。

 書き方のポイント

生活の流れの中で何を経験してほしいのか、そのために工夫することを書きましょう。

<table>
<tbody>
<tr>
<td rowspan="5">保育者の援助・配慮</td>
<td>

- トラブルが生じた場合は、互いの気持ちをよく聞き、相手の気持ちが感じられるようにわかりやすく代弁し、相手の気持ちに気づけるようにする。

- ごっこ遊びでは、「おんなじ」であることから友だちの輪が広がっている。同じ人形やおんぶひも、バッグを用意する。保育者が加わる場合、遊びの流れは子どものイメージの膨らみに委ねる。

- ボルダリングは手の届くところから始め、少しずつステップアップしている。高くまでのぼるので危険のないように必ずそばで見守る。

- わらべ歌遊びや模倣遊びの言葉のやりとりでは、「おおかみさんが起きた」「もうすぐ追いかけられちゃう」とストーリーの中でドキドキ・わくわくを感じられるように、声に抑揚をつける。

- 2歳児クラスに行き、パズルなど初めて見るおもちゃで遊ぶ。また、2歳児クラスでは名札をつけることに気づき、名前に関心をもつ。

</td>
</tr>
</tbody>
</table>

保護者との連携

- 体調確認のため、朝の検温記録を確認し、家族の健康状態も把握する。

- 友だちとの遊びが盛んになるとともにトラブルもあるので、子どもの成長の一過程であることをともに理解し見守る。

- 1年間の成長を振り返り、様々なエピソードを伝え合い、進級への期待を共有する。

になちゃんの振り返り

- 思い通りになること、スムーズにいかないことなど、様々な葛藤を言葉で言えるようになった。相手に思いが伝わらない時は、保育者の代弁で落ち着きを取り戻すようになった。

- 一日の生活を見通し、生活の節目で手洗い・うがい・片づけなど、促さなくてもできることをしようとする。鼻水が出るとティッシュをとって鼻をかみゴミ箱に捨てる。

- 三輪車をこぎ、行きたいところに行けるようになった。何をどうしたいか保育者が見通せるようになり、援助が予測しやすくなった。

- ボルダリング遊びでは、指先、腕、足に力がついてきたことで、上まで登れるようになった。「雲（一番上）」にタッチして誇らしげ「見てっ」と満足しているが、保育者は目を離せない。

- わらべ歌遊びの言葉をくり返し楽しむとともに、おおかみやお化けが出てくることでドキドキし、逃げる・追いかけるのスリルを友だちと共有し存分に楽しんだ。

- 2歳児クラスのままごとコーナーやパズルなどで遊び、ピンクの名札があることに興味をもち、「早くさくら組さんになりたい！」と進級することに期待が高まった。

4月
5月
6月
7月
8月
9月
10月
11月
12月
1月
2月
3月

3月 個別の計画 ｜ りくとくん （2歳0か月）

子どもの姿

- 2月上旬は毛糸の帽子をかぶる。防寒具を一人で脱ごうとしたがうまく脱げなかったが、2月末には、服が汚れると、両手で引っ張り脱ごうとするようになった。
- 食事の時は、手を合わせるだけのあいさつから、次第に「ます（いただきます）」「ぷっちった（ごちそうさまでした）」とあいさつするようになった。
- フォークは「チックン」と言って刺し、スプーンとフォークを使って一人で食べることを楽しんでいる。
- 保育者や友だちと手をつなぐことを喜び、玄関から「おひさま広場」までの短い距離を一緒に手をつないで歩く。
- 両足でジャンプができるようになったので、保育者や友だちと一緒にジャンプをしたがる。
- 同じ色の積み木を集め、横に長く並べたりや高く積み重ねて遊ぶ。

ねらい

- 簡単な身のまわりのことができるようになったので、自分でできた満足感を得られるようにする。
- 保育者に誘われ、トイレに行き排尿する。
- 一人で食べる満足感を味わう。
- 保育者や友だちと、様々な遊びを楽しむ。

内容（養護・教育）

- 簡単な身のまわり（服の着脱、靴をはく等）のことをしようとする姿を大切にし、できたという満足感を味わえるようにする。
- 排泄のタイミングに合わせて促され、トイレで排尿し気持ちよさを味わう。
- スプーンやフォークを使って、自分のペースで最後まで食べようとする。
- 手や指先を使った遊び（パズル、なぐり描き、洗濯ばさみ等）やままごと、獅子舞などを、友だちと一緒に楽しむ。
- 高月齢の友だちとおやつを食べ、一緒に遊び過ごすことを喜ぶ。

保育者の援助・配慮

- 新型コロナウイルス感染予防のため、登園時に体温を確認する。家族の健康状況の確認と保育者のマスク着用と手洗いを徹底する。
- 服の着脱、靴をはくなど一人でやろうとする時は、じっくりと待ち、できたことをほめ、ともに喜び満足感を味わえるようにする。
- 服の袖は片方ずつ手を出すと脱ぎやすいと伝え、服を引っ張り脱ぐよう援助する。着る時は、前後を確認してかぶり、両手で引っ張り頭を出し、片方ずつ袖を通すように伝え、一人で着脱できる喜びを味わえるようにする。

<table>
<tr><td rowspan="1">

保育者の援助・配慮
</td><td>

- 靴の目印で左右の確認を行い、保育者がマジックテープをはがし、片方ずつ足を入れてはくのを待ち、一人ではける体験を重ねる。

- 手洗いが身につくように、保育者が横に並び「手のひら」「手の甲」などと言い、さりげなく手を添えて一緒に洗う。

- 「やって」の甘えは、受け止め応えることで、自立と依存の欲求を満たし、安心感をもてるようにする。

- 時間がかかったりこぼしたりしても見守り、食べられた喜びを共感する。好まない食材（キノコ、豆腐等）は、保育者が食べるように誘い促してみるが、無理強いはしない。

- 楽しく遊んでいる時は、その遊びを中断しないようにする。遊びの切れ目や生活の節目と排泄のタイミングが一致しない場合は、子どもの排泄のタイミングを優先する。

- 興味がありそうなパズル、洗濯ばさみなどの遊びのコーナーを増やし、好きな遊びに取り組めるようにする。

- ままごとや獅子舞ごっこの用具用品を準備し、ごっこ遊びがはじまるようにする。保育者が遊びをリードしすぎないように気をつける。

- トンネルくぐり、一本橋渡りなど、バランスをとることや集中することも経験する。

- ほしいおもちゃを使えなくて、悔しい気持ちを受け止め代弁する。ほしいと伝えることも支える。

- 進級に向け、高月齢児に対して緊張することも予想されるため、高月齢クラスと連携をとり、おやつの時間などに互いに行き来し交流を図る。おしゃべりやままごと、虫探しなど高月齢の友だちと楽しい時間をもてるようにする。

</td></tr>
</table>

保護者との連携

- 新型コロナウイルスの感染予防のために、送迎時のマスク着用、玄関での消毒、入り口での子どもの受け渡しなど協力をお願いする。必ず検温し、生活の記録で毎日の体の様子を詳しく伝えるなど安心できるようにする。

- 1年の成長を振り返り喜び合う。また、進級に向けて、高月齢のクラスと互いに部屋を行き来し交流する様子を伝え、保護者が安心できるようにする。

- 促すとトイレに行く様子を伝え、トイレで排尿できるようになったことを喜び合う。

りくとくんの振り返り

- 服の着脱や靴をはく時は、難しいところもあり、援助が必要であるが、「やってみよう」とする気持ちが様々な経験の積み重ねとなり、できることが増えた。その日の気分によっては、「やって」の甘えも見られたが、その時その時の気持ちを受け入れ無理なく関わることで、できることが増え「自分で」の気持ちが育っている。

- 上手持ちでスプーンを使うが、うまくすくえない時や早く食べたい気持ちから、手でつまんで食べることもある。

- 今月に入り、タイミングが合うとトイレで排尿できるようになった。排尿できるようになった喜びから、誘うとトイレに行く。中旬ごろには排尿の感覚をつかみ、トイレに行くと力んで少量でも排尿するようになった。

第**3**章

乳幼児保育の
基本と展開

1 生涯発達における乳幼児期の意義

① 社会の中の子ども ——関係の網目の中で生きる

人（乳児）は、すでにある人やものの関係の網目の中に生まれてきます（図8参照）。そして、そこで生活を始めることになります。そこでの生活は人（乳児）の生きることを方向づけます。

図8　社会の中の子ども

マクロシステム
- 社会制度の体系
- 文化
- 宗教
- 子ども観、教育観等

メゾシステム
- 家庭と保育所、認定こども園、幼稚園、学校などとのつながり
- 家庭と近隣とのつながり

エクソシステム
- 親の職場環境
- きょうだいの学校
- 親の友人
- 地域の子育て支援活動等

マイクロシステム
- 家族、保育所、認定こども園、幼稚園、学校等

子ども

参考文献：U. ブロンフェンブレンナー著、磯貝芳郎・福富護訳『人間発達の生態学—発達心理学への挑戦』川島書店、1996年

発達初期の子どもは、生きていくうえで最低限必要な力をもって生れてきます。その力は、体の内外に向けて活発に動いています。しかし、その力だけで生活は成り立ちません。周囲の人（保護者や保育者）に「受け止められ応答」してもらうことで、その力ははじめて「生きる力」となり、乳児の生活が成り立ちます。この意味において、乳児が生きることは、その最初から社会の中での営みとなります。

　また、乳児と生活を共にする人（保護者や保育者、以下同様）も、一人では生きていません。多様な関係の網目の中での行動の積み重ねによって得られた、生活に対する感覚や考え（価値観）をもってそこに居ます（図8の「マクロシステム」参照）。つまり、家庭や保育の場でくり広げられている関わりは、子どもと保護者や保育者との関わりだと映りますが、保護者や保育者の背後に多くの人との関わりがあるということから、社会の中での営みなのです。

　社会は、多くの人の具体的な関わりの在り方の総体です。社会は、人の在り方や育ちに影響を与えます。そして、社会は一定ではありません。時間（時代）と空間（具体的な生活の場）での人やものとの関わりが変わると、社会も変化します。

　先に述べたように発達する存在としての子どもは、自らの力だけで生きることができず、自らの生きる力を大人に受け止められ応答されることで、その生活が成り立つという特性をもっています。人として自立するまでの一定期間は、保護者や多くの大人に保護されながら、人として尊重されることになります（図9参照）。

図9　子ども権利条約・4つの柱

1　生きる権利	2　育つ権利	3　守られる権利	4　参加する権利

子どもの権利条約
- 子どもの基本的人権を国際的に保障する条約
- 子どもを一人の人間としての人権を認め、成長の過程で特別な保護や配慮が必要な子どもならではの権利も定めている
- 権利の4つの柱 ── 生存、発達、保護、参加という包括的な権利を実現・確保するための具体的な事項の規定
- 対象は18歳未満の児童（子ども）
- 1989年の第44回国連総会において採択、日本は1994年に批准する

② 変化の激しい 予測困難な社会を生きる力

　社会は今、激しい変化の中にあり、未知の課題に試行錯誤しながらも対応することが求められる「知識基盤社会」であると言われます（表3参照）。

表3　社会の変化と必要とされる力

	これまでの社会	これからの社会
社会の在りよう	変化が比較的穏やかな安定した社会 ➡先行きが予測可能 ● 工業化社会	変化の激しい社会 ➡先行きが予測しにくい ● 知識基盤社会
社会を生きる上で必要とされる力	● 知識技能の習得、再生 ● 情報処理力	● 知識技能の習得、再生 ● 情報処理力 　　　＋ ● 知識技能の活用 ● 情報編集力
学びの目指す方向	情報化やグローバル化など急激な社会的変化の中でも、未来の創り手（よりよい社会と幸福な人生の創り手）となるために必要な資質・能力を獲得する	

　このような社会の中で、子どもとどのような生活をつくり上げていけばよいのでしょうか。また、変化の激しい社会を生きていくうえで、子どもにはどのような資質・能力が望まれているのでしょうか。

　中央教育審議会教育課程企画特別部会では、知識基盤社会にあって「…（略）…新たな価値を生み出していくために必要な力を身につけ、子供たち一人一人が予測できない変化に受け身で対処するのではなく、主体的に向き合って関わり合い、その過程を通して、自らの可能性を発揮し、よりよい社会と幸福な人生の創り手となっていけるようにすることが重要である」と述べています。さらに、知識基盤社会において、新たな価値を生み出していくために必要な資質・能力として3つの柱、「知識・技能」「思考力・判断力・表現力等」「学びに向かう力・人間性等」を示しました（図10参照）。

　人は、今もち合わせている能力を使って生きています。よりよく生きようとすると、今もち合わせている能力（何を理解しているか・何ができるか＝知識・技能）がある

図10　育成を目指す「資質・能力」

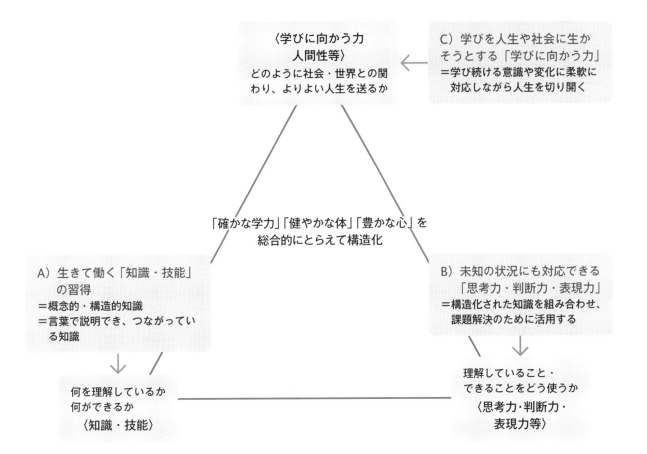

〈学びに向かう力
人間性等〉
どのように社会・世界との関
わり、よりよい人生を送るか

C）学びを人生や社会に生か
そうとする「学びに向かう力」
＝学び続ける意識や変化に柔軟に
対応しながら人生を切り開く

「確かな学力」「健やかな体」「豊かな心」を
総合的にとらえて構造化

A）生きて働く「知識・技能」
の習得
＝概念的・構造的知識
＝言葉で説明でき、つながってい
る知識

B）未知の状況にも対応できる
「思考力・判断力・表現力」
＝構造化された知識を組み合わせ、
課題解決のために活用する

何を理解しているか
何ができるか
〈知識・技能〉

理解していること・
できることをどう使うか
〈思考力・判断力・
表現力等〉

出典：中央教育審議会教育課程企画特別部会、平成28年8月1日　資料2より

　程度、豊かであることが必要です。さらに、この今もち合わせている知識・技能を、どこで・どのように用いて行動するのかを判断する、「持ち合わせの力を用いる力（思考力・判断力・表現力等）」も必要です。

　また、今のもち合わせの力だけでは乗り越えるのが困難な状況で、「こうありたい・こうしたい（よりよく生きたい）」と、今を超えていこうとする力も必要になります。これは「学びに向かう力」と言えます。

　子ども一人ひとりの「こうありたい・こうしたい（よりよく生きたい）」内容は、それぞれの人間性に関わる部分だと考えることができます。そして、これらの資質・能力は、社会の中での生活（人やものとの関わり）を通して培われるということです。

③ 生涯発達における 3歳未満の時期の重要性

　予測困難な社会を生きていくうえで必要な力を、中央教育審議会は「育みたい資質・能力」と言っています。これらの力は、ある年齢になったら、突然に現れるものではありません。それでは、この育みたい資質・能力は、どのようにして育まれるのでしょうか。

エリクソン（Erikson）の心理・社会的発達

　エリクソンは、人間を「身体・心理・社会的」存在ととらえました。そして、これらを包含して発達をとらえ、「心理・社会的」と言いました。さらに、人間を生涯全体に渡り、変化していく主体ととらえ、その生涯を8つの時期に分けました（表4参照）。

　表4に示されているのは心理・社会的自我の性質であり、人間が生きていくうえでなくてはならない心理・社会的な能力です。また、社会で生きていくためにはプラスとマイナスの力が拮抗して働き、精神（心）のバランスを取ることが必要になります。この拮抗する関係を対（：）で表しています。

　例えば、Ⅰ期（乳児期）の心理・社会的能力として「基本的信頼：不信」が挙げられています。基本的信頼感は、人が生きていく世の中を、周囲の人を、そして、自分自身を信じるという絶対的とも言える信頼感です。この信頼感のうえに日々の生活があり、この感覚なくしては安心してそこに居ることができません。この感覚が不信感にまさっていることが、生きることに希望をもつことになります。そして、この時期は、様々な活動を通して、身につけたい力（育みたい資質・能力）を獲得していきます。対（：）で表されているのは、基本的信頼感の体験＞不信の体験ということであり、不信の体験がゼロということではありません。現実的に、乳児からの欲求をすべて的確に読み取って満たす関わりは不可能と言えます。

　本書では、エリクソンの心理・社会的発達図式のⅠ期とⅡ期、年齢的には3歳未満について取り扱うことになります。

表4　エリクソンの個体発達分化の図式（ライフサイクル論）

段階	時期	心理・社会的危機所産	導かれる要素	若干の補足
I	乳児期	基本的信頼：不信	望み（希望）	自分が生きていく世の中を、周囲の人を、そして自分自身を信じるという絶対の信頼感を基本的信頼感という。
II	幼児期前期	自律：恥・疑惑	意思	外からの働きかけを受け止めて、自分の欲求をコントロールする仕組みを内在化する。つまり、外からの要求と自分の内側からの欲求のバランスを取る（自律性）ということ。
III	幼児期後期	自発性：罪悪感	目的感	自発性とは自分の欲求のままに動くことではない。外的・内的なバランスを保ちつつ行動しようとする状態をいう。つまり、自分が自分の行動の中心となることをいう。
IV	児童期	勤勉：劣等感	有能感	勤勉とは、自分の知的要求と外からの働きかけ（外的な要求）とのバランスがとれている状態をいう。このバランスがとれているときに、学ぶことが興味深く面白くなる
V	青年期	同一性：役割の混乱	忠誠心	以下略
VI	成人期	親密：孤独	愛情	
VII	壮年期	生殖性：停滞	世話（育み）	
VIII	老年期	自我の統合：絶望	知恵	

参考文献：E.H.エリクソン著、仁科弥生訳『幼児期と社会』みすず書房、1977年
　　　　　鑪幹八郎『アイデンティティの心理学』講談社現代新書、1990年
　　　　　鑪幹八郎、山下格編集『アイデンティティ』日本評論社、1999年

生涯発達における3歳未満の時期の重要性

　3歳までの子どもの生活（遊びを含む）の在りようが、生涯発達の基礎をなすことは、先にあげたエリクソンやアタッチメント研究の成果などから、自明のこととなりつつあります。また、これについては、現行の保育所保育指針、幼保連携型認定こども園教育・保育要領の改定（訂）時においても議論され、それらを踏まえて3歳未満児の保育の内容が策定されました（表5参照）。

　3歳未満までの保育において子どもに体験してほしいことは、基本的信頼感の獲得です。これは社会に対する、他者に対する、自分自身に対する信頼の感覚を確かにもてるようになることです。また、自らの周囲の人やものに対する興味・関心から、世界が広がることを体験すること、つまり、学びが芽生え、広がっていくことの喜びをもつことです。この2つの側面から、その内容が「3歳未満児の保育の内容」に記載されました。

表5　3歳未満における保育の重要性

3歳未満という時期	この時期の体験	子どもの体験内容	保育のあり方・意義
生涯に渡る成長・発達の基礎をつくる この時期の保育（生活）のあり方が、その後の成長や社会性、自尊心、自己制御、忍耐力といった社会情動的スキル（非認知的能力）の基礎となる	基本的信頼感の獲得	● 保護者や保育士など特定の大人との愛着関係を成立させる ● 食事や睡眠などの生活リズムを獲得する ● 自己という感覚や自我を育てていく	● その後の成長や生活習慣の形成、社会性の獲得にも大きな影響を与えるものであり、子どもの主体性を育みながら保育を行うことが重要である ● 基本的信頼感を形成することは、生涯を通じた自己肯定感や他者への信頼感、感情を調整する力、粘り強くやり抜く力などを育むことにつながる ● 保育士等が子どものサインを適切に受け取り、発達を見通して温かく応答的に関わっていくことが重要である ● 保育士等によって、それぞれの子どもの発達過程に応じた「学び」の支援が、適時・適切に行われることが重要である ● その際、発達の連続性を意識するとともに、3歳以降の成長の姿についても意識して、保育を行うことが重要である
	学びの芽生え	● 子どもの自発的行動（興味・関心）が受容される ● 歩行の始まりから完成、言葉が獲得される ● 人やものへの興味・関わりを更に広げ、気づいたり、考えたり、主張することをくり返しながら自己を形成していく ● 簡単な言葉なども用いた子ども同士の関わりの中で、他者と関わる力の基礎を育む	

保育所保育指針の改定に関する議論のとりまとめ（厚生労働省・社会保障審議会、平成28年12月21日）を参照し、筆者作成

2 保育の基本 ──保育所保育を中心に

① 生活の場

　保育所や認定こども園は、子どもたちの生活の場です。子ども（3歳未満児）はそこで生活（遊びを含む）することで、「望ましい未来を作り出す力の基礎（保育所保育指針）」を培うことになります。子どもたちとその生活を共にする保育者は、子どもたちの主体性を尊重し、かつ、一人ひとりの主体としての内実が豊かになる生活を展開することを通して、この時期にふさわしい発達体験が得られるような生活の場にしていかなければなりません。

● 主体的存在──3歳未満児の主体性

　主体性とはどういうことを言うのでしょうか。鯨岡（2010）[1] は「一人の人間が『こうしたい』『そうしたくない』『こうしてほしい』『こうなればいい』という自分独自の思いをもって生きる姿を現した概念、つまり、心の育ちと密接に結びついた概念」と言っています。自己が曖昧な状態にあり、自分独自の思いを明確に意識しているとは考えられない3歳未満の子どもたちの主体性を、どのように考えたらよいのでしょうか。

　阿部（2007）[2] は、「乳児は生きるうえでの最低限のことも他者の援助を必要とする、つまり、してもらうことがほとんどであるが、それでも主体的な存在であるということは、乳児に行動を起こさせる欲求そのものがまぎれもなく乳児自身のものだからである」というように、欲求するそのことに子どもの主体性を見ています。そして、「乳児は、自身の内外に生起する様々なことを自身のこととして意識することはできないが、ケアをする大人とは異なる自身の内面をもっている」と言います。ケアする大人にもわかりにくい、そして乳児自身もわからない、この内面のわからなさも含めて、その乳児の固有の世界として尊重することを、自己を獲得する前の子どもの主体

1　鯨岡峻『保育・主体として育てる営み』ミネルヴァ書房、2010、p.10
2　阿部和子編著『乳児保育の基本』萌文書林、2007、p.9〜10

性のありようと考えています。

　自己を獲得する前のおおよそ3歳までの子どもは、以上のように「独自の世界をもつ主体的存在として尊重される」生活を通して、ほかの人とは異なる独自の世界もつ存在として自己を意識化していきます。と同時に自己の内面も豊かにしていきます。

　子どもを主体として尊重した生活（保育）は、主体としての他者（保護者や保育者など）との関わりにおいて実現することになります。保育する主体としての保育者は、子どもの発達過程を見通して、子どもが望ましい未来をつくりだす力の基礎を培ううえで、この時期にふさわしい発達体験が得られる関わりをすることになります。

● 主体的存在として受け止められ主体として育つ

　乳児期にふさわしい発達体験は、発達を促すために特別に何かをすることではありません。子どもからの欲求を受け止めて、一人ひとりの子どもの発達過程に沿い、その欲求充足のためのやり取りに育ちへの願いをもち、日々重ねることの中にあります。

　例えば、初期のほとんど寝てばかりいる生活の中で、子どもの空腹からくる不快感を解消するための行動（泣き）には授乳することで応答します。この応答には、空腹を解消するだけではなく、今、ここで体験していることは「おなかが空いた」ということだという意味のまとまりを、そして、その欲求をしているのは自分であるという感覚をもてるように、また、やがては生活のリズムが安定し整っていってほしいという、保育者の子どもの育ちへの願いがあります。

　子どもの生活の必要からくる様々なやりとりの体験を重ねる、生活の基底を成すものが日課（ディリー・プログラム）です。この日課を、子どもが主体として受け止められるためには、どうあればよいのでしょう。ここでは、他章で展開される保育の内容の「心身発達に関する視点（0歳児）——健やかに伸び伸びと育つ」、「心身の健康に関する視点（1・2歳児）——健康」を少し先取りして、日課（日々の過ごし方）との関係で見ていくことにします。

日課と養護的側面——主体として受け止められる

　乳幼児期の保育は、養護的側面を基盤にして実践されます。このことを最初に保育所保育指針で確認します（表6参照）。

表6　養護に関わるねらい及び内容

	ねらい	内容
生命の保持	①一人一人の子どもが、快適に生活できるようにする。 ②一人一人の子どもが、健康で安全に過ごせるようにする。 ③一人一人の子どもの生理的欲求が、十分に満たされるようにする。 ④一人一人の子どもの健康増進が、積極的に図られるようにする。	①一人一人の子どもの平常の健康状態や発育及び発達状態を的確に把握し、異常を感じる場合は、速やかに適切に対応する。 ②家庭との連携を密にし、嘱託医等との連携を図りながら、子どもの疾病や事故防止に関する認識を深め、保健的で安全な保育環境の維持及び向上に努める。 ③清潔で安全な環境を整え、適切な援助や応答的な関わりを通して子どもの生理的欲求を満たしていく。また、家庭と協力しながら、子どもの発達過程等に応じた適切な生活のリズムがつくられていくようにする。 ④子どもの発達過程等に応じて、適度な運動と休息を取ることができるようにする。また、食事、排泄、衣類の着脱、身の回りを清潔にすることなどについて、子どもが意欲的に生活できるよう適切に援助する。
情緒の安定	①一人一人の子どもが、安定感をもって過ごせるようにする。 ②一人一人の子どもが、自分の気持ちを安心して表すことができるようにする。 ③一人一人の子どもが、周囲から主体として受け止められ、主体として育ち、自分を肯定する気持ちが育まれていくようにする。 ④一人一人の子どもがくつろいで共に過ごし、心身の疲れが癒されるようにする。	①一人一人の子どもの置かれている状態や発達過程などを的確に把握し、子どもの欲求を適切に満たしながら、応答的な触れ合いや言葉がけを行う。 ②一人一人の子どもの気持ちを受容し、共感しながら、子どもとの継続的な信頼関係を築いていく。 ③保育士等との信頼関係を基盤に、一人一人の子どもが主体的に活動し、自発性や探索意欲などを高めるとともに、自分への自信をもつことができるよう成長の過程を見守り、適切に働きかける。 ④一人一人の子どもの生活のリズム、発達過程、保育時間などに応じて、活動内容のバランスや調和を図りながら、適切な食事や休息が取れるようにする。

　保育における養護的側面は生命の保持に関するもの、情緒の安定に関するものの2つの側面から述べられています。主体性に直接に関わって表現されているところは、情緒の安定のねらいの③と内容の③です（表6参照）。

　保育の営みのすべてにおいて、保育士等との信頼関係を基盤に、一人ひとりの子どもが主体的に活動し、自発性や探索意欲などに適切に働きかけることを通して、主体として育ち、自分を肯定する気持ちが育まれていくようにすることが、ねらいとしてあるということです。ここで確認しておきたいことは、養護的側面は「一人一人」に向けての関わりであるということです。一斉に全員に向けての働きかけではなく、一人ひとりの状況に合わせて働きかけるのであり、一人ひとりの必要への対応は、個別に行われます。一日の過ごし方（日課）においても一人ひとりの主体性（個別性）が尊重されることになります。

日課と「心身の健康に関する領域（健康）」との関係

　保育所、幼保連携型認定こども園における保育の「心身の健康に関する領域」の目標は、以下の通りです。

> （イ）健康、安全など生活に必要な基本的な習慣や態度を養い、心身の健康
> の基礎を培うこと（保育所保育指針第1章総則1（2））。

一　健康、安全で幸福な生活のために必要な基本的な習慣を養い、身体諸機能の調和的発達を図ること（認定こども園法第9条）。

　この目標をさらに具体化したのが0歳から6年間の「心身の健康に関する領域」のねらいとそのねらいを達成するための体験内容です（表7参照）。例えば、幼児期の終わりまでに育ってほしい姿として「ア　健康な心と体：保育所の生活の中で、充実感をもって自分のやりたいことに向かって心と体を十分に働かせ、見通しをもって行動し、自ら健康で安全な生活をつくり出すようになる」があります。これらの姿は、健康の領域を中心にして、5つの領域全体の体験を通して育まれるものですが、0歳児クラスからの毎日の生活を通して育まれるものであることを理解しておきたいものです。3歳未満児からの育ちの連続性の中に幼児期の終わりごろの姿があるので、発達の見通しをもつうえでも、乳幼児保育においても、そのねらいと内容を通して理解することが重要になります。

　以上のような考え方をベースにして、3歳未満児の日課がどのようになっているのかを見ていきましょう。

表7　健やかに伸び伸びと育つ（0歳児）⇒健康（1歳児以上）

区分		ねらい	内容
0歳	健康な心と体を育て、自ら健康で安全な生活をつくり出す力の基礎を培う。	(1) 身体感覚が育ち、快適な環境に心地よさを感じる。 (2) 伸び伸びと体を動かし、はう、歩くなどの運動をしようとする。 (3) 食事、睡眠等の生活のリズムの感覚が芽生える。	(1) 保育士等の愛情豊かな受容の下で、生理的・心理的欲求を満たし、心地よく生活をする。 (2) 一人一人の発育に応じて、はう、立つ、歩くなど、十分に体を動かす。 (3) 個人差に応じて授乳を行い、離乳を進めていく中で、様々な食品に少しずつ慣れ、食べることを楽しむ。 (4) 一人一人の生活のリズムに応じて、安全な環境の下で十分に午睡をする。 (5) おむつ交換や衣服の着脱などを通じて、清潔になることの心地よさを感じる。
1,2歳	健康な心と体を育て、自ら健康で安全な生活をつくり出す力を養う。	(1) 明るく伸び伸びと生活し、自分から体を動かすことを楽しむ。 (2) 自分の体を十分に動かし、様々な動きをしようとする。 (3) 健康、安全な生活に必要な習慣に気付き、自分でしてみようとする気持ちが育つ。	(1) 保育士等の愛情豊かな受容の下で、安定感をもって生活をする。 (2) 食事や午睡、遊びと休息など、保育所における生活のリズムが形成される。 (3) 走る、跳ぶ、登る、押す、引っ張るなど全身を使う遊びを楽しむ。 (4) 様々な食品や調理形態に慣れ、ゆったりとした雰囲気の中で食事や間食を楽しむ。 (5) 身の回りを清潔に保つ心地よさを感じ、その習慣が少しずつ身に付く。 (6) 保育士等の助けを借りながら、衣類の着脱を自分でしようとする。 (7) 便器での排泄に慣れ、自分で排泄ができるようになる。
3歳以上		(1) 明るく伸び伸びと行動し、充実感を味わう。 (2) 自分の体を十分に動かし、進んで運動しようとする。 (3) 健康、安全な生活に必要な習慣や態度を身に付け、見通しをもって行動する。	(1) 保育士等や友達と触れ合い、安定感をもって行動する。 (2) いろいろな遊びの中で十分に体を動かす。 (3) 進んで戸外で遊ぶ。 (4) 様々な活動に親しみ、楽しんで取り組む。 (5) 保育士等や友達と食べることを楽しみ、食べ物への興味や関心をもつ。 (6) 健康な生活のリズムを身に付ける。 (7) 身の回りを清潔にし、衣服の着脱、食事、排泄などの生活に必要な活動を自分でする。 (8) 保育所における生活の仕方を知り、自分たちで生活の場を整えながら見通しをもって行動する。 (9) 自分の健康に関心をもち、病気の予防などに必要な活動を進んで行う。 (10) 危険な場所、危険な遊び方、災害時などの行動の仕方が分かり、安全に気を付けて行動する。

0歳児の日課の実際

　図11の0歳児クラスは月齢の異なる12名の子どもを4名の保育者で保育しています。同じ時間に、寝ている子ども、起きて遊んでいる子ども、ミルク・離乳食を食べている子どもというように、それぞれに過ごしています。同じ子どもでも、特に月齢の低い子どもは、毎日、同じ時間に目覚めたり起きたりしているわけではありません。極端には、毎日が違うリズムだったりします。この時期の子どもの主体性を尊重した保育の一日は、一人ひとりの子どもの生理的なリズム（その子どもの固有の世界＝主体性）を尊重することになります。

　一人ひとりの子どもの「よく寝て・よく目覚めて・よく食べる（飲む）」を保障することは、目覚めている時には子どもとしっかり向き合い、気持ちを込めた関わりをするということです。気持ちの伴った保育者との関わりは、例えば、気持ちよく目覚めた後の授乳は空腹が満たされます。保育者とよく遊んだ子どもは、さらに空腹になり、それに合わせてミルク・離乳食を介助され、安心して眠る生活になります。このような生活は、生理的な機能を発達させるとともに、社会的な欲求も多くなり、徐々に目覚めて活動する時間が長くなっていきます。急がずに、じっくりと一人ひとりのリズムに合わせて関わることが重要です。このような保育の先に、子どもたちの生活のリズムがそろい出してきます（表8参照）。

図11　0歳児の日課

※┈┈▷は睡眠、──▶は覚醒を表す

日課（一日の生活）における配慮	目安の時間	A (4か月)	D (5か月)	KO (6か月)	B (10か月)	C (13か月)	K (18か月)	他6名省略
● 特定の保育者と関わりながら、食べることが喜びとなるよう静かで落ち着いた環境づくりをする。 ● 午前寝に準じた配慮を行う。 ● やさしい声、語りかけで気持ちのよい目覚めを誘う。 ● 汗をかいた時、汚れた時はまめに衣類を取り替える。	10:30	┊ 11:00 ミルク 目覚め	↓ 11:00 食事・ミルク 睡眠	10:30 睡眠	↓ 11:30 食事 睡眠	↓ 11:30 目覚め 食事	↓	● M（7か月） ● S（9か月） ● AS（14か月） ● KA（14か月） ● T（15か月） ● AN（16か月）
● 午前のおやつ・食事・授乳に準じた配慮を行う。 ● 午前の遊びに準じた配慮を行う。 ● 一日生活した満足感とともに身体疲労度も高くなっているので、けがその他に十分注意し、温かな雰囲気の中で落ち着いて過ごせるようにする。	12:00	12:00 睡眠 ┊	12:00 目覚め ↓ 13:00 睡眠 ┊ 14:00 目覚め	12:00 目覚め 食事・ミルク ┊ 14:00 食事・ミルク	14:00 目覚め おやつ・ミルク	12:00 睡眠 ┊ 14:00 目覚め	12:00 目覚め 食事	
略	14:30							

表8　発達過程における睡眠の生理的変化

時　期	睡眠時間	睡眠と覚醒のパターン
新生児期	16 〜 20時間	● 睡眠パターンは1〜2時間の覚醒と1〜4時間の睡眠の反復 ● 昼夜のリズムは見られない ● 日中の睡眠時間と夜間の睡眠時間はほぼ同じ ● 入眠は動睡眠（後のレム睡眠に相当）から始まる
乳児期 （3か月）	14 〜 15時間	● 3〜4時間連続して睡眠をとるパターン ● 動睡眠（レム睡眠）が減少する ● 6週〜3か月ごろからは入眠がノンレム睡眠から始まる
乳児期 （6か月）	13 〜 14時間	● 6〜8時間連続して睡眠をとるようになる ● 昼夜の区別がはっきりしてくる ● 2〜4時間の昼寝を1〜2回となる ● 9か月ごろには7〜8割を夜間に眠るようになる
乳幼児期 （1-3歳）	11 〜 12時間程度	● ほぼ夜間に睡眠をとるようになる ● 昼寝も1.5〜3.5時間を1回とる程度になる ● レム睡眠がさらに減少

※レム睡眠：脳が活発に働いている浅い眠り、体の眠り、ノンレム睡眠：深い眠り、脳の眠り

出典：厚生労働科学研究費補助金　未就学児の睡眠・情報通信機器使用研究班「未就学児の睡眠指針」2018年3月から筆者作成

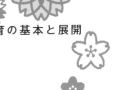

1・2歳児の日課の実際

　表8より1歳クラスに上がったころから、生理学的には昼寝が1回、夜間にほぼ睡眠がとれるようになるということがわかります。一日のうちで昼寝が1回になると集団の日課が可能になります。もちろん家庭の事情やクラスを構成する子どもたちの月齢幅にもよるので、柔軟に対応することが大切になります。

　子どもの主体性との関係で言うと、集団の日課は、子どもが自らつくり上げたものではなく与えられたものです。子どもたちは、与えられた日課をどのように自らのものにしていくのか。つまり、園の一日の生活の流れに自らで気づいて行動を切り替え（コントロール）ていくのでしょうか。例えば、遊びから給食へという活動から活動への流れの中で、主体的に行動するということは、今の活動（遊び）に自らで区切りをつけて次の活動へ向かうということになります、しかし、この時期の子どもにはそれが難しく、区切りが付けられないことも多くあります。

　この時期は、活動から活動への移行時に、日課の時間を守る（みんな一斉に保育室に入る）ことが第一ではありません。まだそれを続けたいという気持ちを保育者に受け止めてもらい、逡巡したり抵抗したりし、慰められたり諭されたりされながら、今の活動に区切りをつけて次の活動へと向かう体験を重ねることが重要になります。この経験の積み重ねが、子どもの主体的な生活を成立させることにつながっていきます。

3歳以上児の日課の実際

　3歳未満児の生活の基底を成す日課は、これまでに述べたように、子どもの欲求や要求に丁寧に応答してもらいながらやり取りを重ねる中で、主体的な集団の日課になっていきます。以上のような日課を積み重ねた5歳児クラスの様子を見てみましょう。

エピソード1

みずきくんが「もう昼寝はいらないかも」と意見を出しました。「それはまだ無理でしょう」という意見の子が多い。そこで担任は「どうなったらお昼寝いらないの？」と聞くと、「昼寝をしなくても元気にできる」と応える。担任「元気って？」と問うと、「夕方、ケンカばっかりしたくなったり、いじわるばっかりしたくなったりしないことだよ」と子どもたち。それでもみずきくんと数人は「大丈夫」と言い張り、ムリと言う子どもたちと対立する。担任は「やってみたらいいよ」と提案し、ほとんど

の子が昼寝をし、みずきくんたちは夕方眠くなり、機嫌が悪くなり……。それを経験した後で、昼寝は自分たちの生活に必要ということになり、日課に取り入れました。その時に、担任から、運動会が終わるころには、お昼寝なしでもみんな元気に生活できるといいなーと伝える。

エピソード2 ....

昼寝の時間、寝るように促す担任をよそめに、まさみちゃん、ゆみえちゃん、かえでちゃんの3人は、小声でおしゃべりをしていて寝ません。3人とも眠れそうになかったので事務室の前に連れていきトントンして寝かせました。昼寝を終えて3人を保育室に連れて戻ると、「どうした?」と声をかける友だちも多く、担任が「みんな心配しているよ」と伝えると、まさみは「自分で話す」と言い出し、おやつ前に話をすることになりました。まさみ「まさみさー、今日、お昼寝、お部屋でできなかったの」、りょうじ「えー、どうしたの?」、ちはる「話してみたらいいよ」、まさみ「まさみね、今日、多分朝寝坊したんだわ。それで眠れんかったと思う」、ゆみえとかえでは、まさみにつき合ってしまったと言う。ちはる「この間、みんなで大きくなって1年生になろうって言ってたのに……」、みんな「そうだったじゃん」、さより「寝坊しないように早く寝ればいい」と言い、まさみ「ほんとだね」と納得する。また、子どもたちは、まさみと一緒に行動したゆみえやかえでにも意見を求めた。ゆみえ「今日は、だめだった」、ちはる「だめって、どーゆーこと?」、ゆみえは、しばらく考えて「一緒に寝ようって言えばよかった」、みんな「そーだねー」、かえで「ゆみえと一緒」と応える。そして、みんなで話し合った結果、「できたら早起きしよう」「もし、寝坊とかして昼寝が難しかったら、一人で静かに休息しよう」ということになりました。

出典:加藤繁美監修、山本理絵編著『子どもとつくる5歳児保育』ひとなる書房、p.109〜p.112、2016年を一部改変

　エピソード1において、みずきくんたちは一日をどのように過ごすか(昼寝はいらないのではないか)について意見を言います。担任は、昼寝をしなければならないものとして子どもたちに強要せず、「なぜいらないのか」という理由を子どもとのやり取りを通して、具体的な姿として描き出します。そのうえで、子どもたちの理由に基づいた行動を尊重します。日課として決まっているのだからと一斉に昼寝をするということを求めていません。子どもたちは自らの考えに基づいて行動し、その結果として昼寝が必要であることを受け止めていきます。

　一方、エピソード2は、昼寝が必要であることをみんなで確認しているのですが、

まさみちゃんたちは、保育者の促しを受けてもおしゃべりが止まりません。保育者は、子どもたちの気持ち（小声で話しているところから、寝なければならないことはわかっているが寝られない）と、夕方に機嫌が悪くなることなどから、今のこの子どもたちには昼寝は必要という見通しに立って、ここではない（ほかの子に迷惑がかからない）ところで、眠ることをサポート（背中をトントンして眠りを誘う）します。5歳児においても時にサポートが必要ということです。

　友だちの心配をきっかけに、「なぜ、みんなと一緒に眠れなかったのか」について話し合います。話し合いの中で、「みんなで一緒に大きくなって1年生になろうって言っていたのに（子ども同士の約束）」といったやり取りをする中で、まさみちゃんは自らを振り返り、友だちの意見「早く寝る」ということを受け入れます。一緒に行動した子どもたちも理由を聞かれ、やり取りの中で自らを振り返り、「一緒に寝ようと言えばよかった」ということにたどり着きます。この話し合いを通して、昼寝の時に眠くない時もあるので、その時には、静かに休息するということまで話し合いで導き出しています。

　子どもたちは、自分たちの生活の中で遭遇する課題を自分たちで話し合いながら、考えを巡らし、どのように過ごすかを見つけ出すという、主体的な一日を過ごしていることがわかります。

　園の日課は、子どもたちにとっては与えられた日課のはずです。この与えられた日課を、例えば日課は守るものとして強いられるところからは、事例の子どもたちの姿にはいたりません。0歳児クラスからの保育のねらいと、それを達成するための内容（表7参照）を体験しきているその延長線上の姿ということです。また、行動面のみに働きかけられるのではなく、なぜそうするのかという理由を子どもたちなりに考える体験を積み重ねてきているので、できない子どもを批判するだけではなく、できるようになるためにはどうすればいいのかを考える対話が成立しています。

　3歳未満児を担当しているからといって、例えば、5歳児クラスが落ち着かない、些細なことで対立ばかりしている、自分から動けないという姿は、5歳児クラスを担当する保育者だけの問題ではないことを理解したいものです。

② 保育の目標、教育・保育の目標

　これまで見てきたように、3歳未満児が通う施設である保育所や幼保連携型認定こども園は、子どもたちが主体として受け止められ、その主体性を発揮して生活や遊び

を展開するところです。また、その生活や遊びを通して、人として生きていくうえでの基礎となる力を獲得していく場所でもあります。人として生きていくうえでの基礎となる力を培うための目標を、指針と教育・保育要領では表9のように示しています。

　子どもがこれらの力を獲得していくのを援助することを、指針では「保育」と表現し、教育・保育要領では、「教育及び保育」と表現していますが、それぞれの施設の目標としているところは同じと考えてよいでしょう。いわゆる五領域（子どもが健やかに成長し、その活動がより豊かに展開されるための発達の援助）と養護（子どもの生命の保持や情緒の安定を図るために保育士等が行う援助や関わり）の視点から述べられています。

表9　保育所の保育目標と幼保連携型認定こども園の教育・保育目標

保育目標 （保育所保育指針第1章1（2））	教育・保育目標 （認定こども園法第9条）
健全な心身の発達を図ることを目的とする児童福祉施設 入所する子どもの最善の利益を考慮し、その福祉を積極的に増進することに最もふさわしい生活の場（第1章1（1）参照）	教育並びに保育を必要とする子どもに対する保育を一体的に行い、その心身の発達を助長するとともに、保護者に対する子育ての支援を行うことを目的とする施設（第2条7参照）
ア　（略）保育所の保育は、子どもが現在を最も良く生き、望ましい未来をつくり出す力の基礎を培うために、次の目標を目指して行わなければならない。 （ア）十分に養護の行き届いた環境の下に、くつろいだ雰囲気の中で子どもの様々な欲求を満たし、生命の保持及び情緒の安定を図ること。 （イ）健康、安全など生活に必要な基本的な習慣や態度を養い、心身の健康の基礎を培うこと。 （ウ）人との関わりの中で、人に対する愛情と信頼感、そして人権を大切にする心を育てるとともに、自主、自立及び協調の態度を養い、道徳性の芽生えを培うこと。 （エ）生命、自然及び社会の事象についての興味や関心を育て、それらに対する豊かな心情や思考力の芽生えを培うこと。 （オ）生活の中で、言葉への興味や関心を育て、話したり、聞いたり、相手の話を理解しようとするなど、言葉の豊かさを養うこと。 （カ）様々な体験を通して、豊かな感性や表現力を育み、創造性の芽生えを培うこと。 イ　保育所は、入所する子どもの保護者に対し、その意向を受け止め、子どもと保護者の安定した関係に配慮し、保育所の特性や保育士等の専門性を生かして、その援助に当たらなければならない。	一　健康、安全で幸福な生活のために必要な基本的な習慣を養い、身体諸機能の調和的発達を図ること。 二　集団生活を通じて、喜んでこれに参加する態度を養うとともに家族や身近な人への信頼感を深め、自主、自律及び協同の精神並びに規範意識の芽生えを養うこと。 三　身近な社会生活、生命及び自然に対する興味を養い、それらに対する正しい理解と態度及び思考力の芽生えを養うこと。 四　日常の会話や、絵本、童話等に親しむことを通じて、言葉の使い方を正しく導くとともに、相手の話を理解しようとする態度を養うこと。 五　音楽、身体による表現、造形等に親しむことを通じて、豊かな感性と表現力の芽生えを養うこと。 六　快適な生活環境の実現及び子どもと保育教諭その他の職員との信頼関係の構築を通じて、心身の健康の確保及び増進を図ること。

　さらに、在籍期間全体を通して、保育（・教育）の目標を目指して保育を実践することで、子どもに育みたい資質・能力を表10のようにあげています。

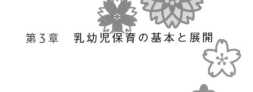

表10　「育みたい資質・能力」の基礎

育みたい資質・能力	育む上での経験群	育みたいこと（幼児の終わりごろの生活や遊びの中に具体的に「育ってほしい10の姿」として現れる）
知識・技能の基礎	遊びや生活の中で、豊かな体験を通じて、感じたり、気づいたり、わかったり、できるようになったりする	基本的な生活習慣の獲得、様々な気付き・発見の喜び、規則性・法則性・関連性の発見、日常生活に必要な言葉の理解、身体技能や芸術表現のための基礎的な技能の獲得など
思考力・判断力・表現力等の基礎	遊びや生活の中で、気づいたこと、できるようになったことなども使い、考えたり、試したり、工夫したり、表現したりする	試行錯誤・工夫、予想・予測・比較・分類・確認、他の幼児の考えなどに触れ新しい考えを生み出す喜びや楽しさ、言葉による表現・伝え合い、振り返り次への見通し、自分なりの表現など
学びに向かう力・人間性等	心情、意欲、態度が育つ中で、よりよい生活を営もうとする	思いやり、安定した情緒、自信、相手の気持ちの受容、好奇心・探求心、葛藤・自分への向き合い・折り合い、話し合い・目的の共有・協力、色・形・音などの美しさや面白さに対する感覚、自然現象や社会現象への関心など

中央教育審議会教育課程部会・幼児教育部会（2016年3月）資料4を筆者改変

　　表9に述べられている保育（・教育）の目標を、子どもの学びの視点からとらえ直すと、表10のようになると考えてよさそうです。つまり、目標に向けて展開される保育（・教育）の中で、子どもが体験を通して獲得するものは、「知識・技能の基礎」「思考力・判断力・表現力の基礎」「学びに向かう力・人間性等」ということになります。

　　子どもの日々の遊びや生活の中で、知識・技能の基礎は「感じたり、気づいたり、わかったり、できるようになったりする」体験を豊かにすることを通して獲得されるとしています。思考力・判断力・表現力等の基礎は、遊びや生活の中で気づいたり、できるようになったことを使い、「考えたり、試したり、工夫したりすることを十分体験する」ことで獲得されます。そして、学びに向かう力・人間性等は、「獲得した知識・技能、思考力・判断力・表現力等を生活や遊びの中で十分に使い、あるいは使いこなしながら、活動を楽しく展開する」ことで、充実した生活や遊びにしていこうとします。

　　以上の生活や遊びを積み重ねて、幼児期の終わりごろの日常の生活や遊びの中に、具体的な子どもの姿として、いわゆる10の姿が見られることになります（表10中右列参照）。

③ 保育のねらいおよび内容

　保育指針、教育・保育要領の第2章において、保育（・教育）目標に向けて、それぞれの時期にふさわしい体験の内容が示されています。それぞれの時期とは、乳児、1歳以上3歳未満児、3歳以上児の3つの過程です。ここでは、3歳未満児について見ていきます。

●3歳未満児の保育内容（ねらいと内容）

　保育内容は、乳児保育、1歳以上3歳未満児保育というように、発達過程ごとに示されています。さらに、それぞれの時期のねらいと内容は、3つの視点（乳児保育）、5つの視点・領域（1歳以上）に分けて示されています。

　3歳未満児の保育のねらい及び内容を保育所保育指針から抜き出して表にしています（表11・12）。

乳児保育のねらい及び内容

　自分から健康で安全な生活をするための基礎を培ううえでのねらいとして、身体感覚が育つことで、快適な環境の心地よさを感じる、よく動く体、リズムをもって生活する感覚を獲得することがあげられています。そのねらいを達成するために子どもに体験してほしいこととして、一人ひとりの子どもの生理的・心理的な欲求が満たされること、また、発育に応じて十分に体を動かし、そこに心地よさや充足感をもつことがあげられています。

　人と関わる力の基礎を培ううえでのねらいとして、人とともに過ごす喜びを感じ、気持ちを通わせようとしながら、人に対する信頼感が芽生えることをあげています。そのねらいを達成するために子どもに体験してほしいこととして、保育者等に応答してもらうやり取りを楽しみながら、欲求が満たされること、親しみの気持ちをもち、それを言葉で表そうとするなど安心感をもって過ごすことなどがあげられています。

　自分を取り巻く周囲のものに、心動かされたことを表現しようとする力の基礎を培ううえでのねらいとして、まわりのものに興味・関心をもち、それらに自分から関わろうとし、関わることで、感覚を豊かにし表現するなどがあげられています。そのねらいを達成するために子どもに体験してほしいこととして、積極的に周囲を探索し、

生活用品や絵本、玩具などに興味・好奇心をもって関わり感覚を豊かにすること、保育者等と一緒に手足や体をリズムに合わせて動かす喜びを味わうなどがあげられています。

　以上が、乳児保育におけるねらいと内容の概要です。詳しくは表11を参照してください。

表11　乳児保育に関わるねらい及び内容

	健やかに伸び伸びと育つ	身近な人と気持ちが通じ合う	身近なものと関わり感性が育つ
	健康な心と体を育て、自ら健康で安全な生活をつくり出す力の基盤を培う。	受容的・応答的な関わりの下で、何かを伝えようとする意欲や身近な大人との信頼関係を育て、人と関わる力の基盤を培う。	身近な環境に興味や好奇心をもって関わり、感じたことや考えたことを表現する力の基盤を培う。
ねらい	①身体感覚が育ち、快適な環境に心地よさを感じる。 ②伸び伸びと体を動かし、はう、歩くなどの運動をしようとする。 ③食事、睡眠等の生活のリズムの感覚が芽生える。	①安心できる関係の下で、身近な人と共に過ごす喜びを感じる。 ②体の動きや表情、発声等により、保育士等と気持ちを通わせようとする。 ③身近な人と親しみ、関わりを深め、愛情や信頼感が芽生える。	①身の回りのものに親しみ、様々なものに興味や関心をもつ。 ②見る、触れる、探索するなど、身近な環境に自分から関わろうとする。 ③身体の諸感覚による認識が豊かになり、表情や手足、体の動き等で表現する。
内容	①保育士等の愛情豊かな受容の下で、生理的・心理的欲求を満たし、心地よく生活をする。 ②一人一人の発育に応じて、はう、立つ、歩くなど、十分に体を動かす。 ③個人差に応じて授乳を行い、離乳を進めていく中で、様々な食品に少しずつ慣れ、食べることを楽しむ。 ④一人一人の生活のリズムに応じて、安全な環境の下で十分に午睡をする。 ⑤おむつ交換や衣服の着脱などを通じて、清潔になることの心地よさを感じる。	①子どもからの働きかけを踏まえた、応答的な触れ合いや言葉がけによって、欲求が満たされ、安定感をもって過ごす。 ②体の動きや表情、発声、喃語等を優しく受け止めてもらい、保育士等とのやり取りを楽しむ。 ③生活や遊びの中で、自分の身近な人の存在に気付き、親しみの気持ちを表す。 ④保育士等による語りかけや歌いかけ、発声や喃語等への応答を通じて、言葉の理解や発語の意欲が育つ。 ⑤温かく、受容的な関わりを通じて、自分を肯定する気持ちが芽生える。	①身近な生活用具、玩具や絵本などが用意された中で、身の回りのものに対する興味や好奇心をもつ。 ②生活や遊びの中で様々なものに触れ、音、形、色、手触りなどに気付き、感覚の働きを豊かにする。 ③保育士等と一緒に様々な色彩や形のものや絵本などを見る。 ④玩具や身の回りのものを、つまむ、つかむ、たたく、引っ張るなど、手や指を使って遊ぶ。 ⑤保育士等のあやし遊びに機嫌よく応じたり、歌やリズムに合わせて手足や体を動かして楽しんだりする。

1歳以上3歳未満児のねらい及び内容

　この時期の保育は、5つの領域からそのねらい及び内容が述べられています。

　自分で健康で安全な生活をつくりだす力を養ううえでのねらいとして、自分から体を動かそうとして、様々に動くことを喜び、基本的な生活習慣に気づき、それを自分でしてみようとすることがあげられています。そのねらいを達成するために子どもに体験してほしいこととして、安心して生活する中で生活のリズムが獲得されること、食事、衣類の着脱、排泄、手洗いなどの清潔にかかわる行為を自分から興味をもってしようとし、できるようになること、また、これらと並行して全身を使って遊びを楽

しむことがあげられています。

　人と関わる力を養ううえでのねらいとして、周囲の子どもへの関心が高まり関わろうとするなど、人と関わる心地よさや生活の仕方に秩序があることに気づくなどがあげられています。そのねらいを達成するために体験してほしいこととして、保育者に子どもの欲求が受け入れられるなど安心感をもって生活する中で、保育者の仲立ちでほかの子と関わって遊びを楽しみながら、きまりのあることに気づくようになるなどがあげられています。

　周囲の環境に好奇心をもって関わり、それを自分の生活に取り入れる力を養ううえでのねらいとして、五感を働かせて周囲と関わり、感じたり気づいたりすることを楽しんだり、あれこれ考えたりすることがあげられています。そのねらいを達成するために子どもに体験してほしいこととして、安全な環境の中で、五感を使いながら十分に探索活動をする中で、ものの多様さに触れ、その性質や仕組みに気づいたりすること、また、身近な動植物に親しみをもつこと、絵本や歌にふれたりして十分に遊びを楽しむことがあげられています。

　自分で体験し感じたり、感じたりしたことなどを言葉で表現する力を養ううえでのねらいとして、人の話を聞き自分で思ったことを伝えようとするなど、言葉で表現する楽しさを味わい、絵本や物語に親しんだりしながら人と気持ちを通じ合わせるなどがあげられています。そのねらいを達成するために子どもに体験してほしいこととして、生活や遊びの中で、自分から欲求したことに、また、保育者からの言葉かけなどを表情や言葉でやり取りをすること、保育者や友だちと一緒に遊んだり、絵本を読んでもらう楽しさを味わう中で、言葉で表現しようとすることなどがあげられています。

　自分で感じたり考えたことを表現したり、創造したりする力を養ううえでのねらいとして、様々な素材に触れ、その感触を楽しむこと、音楽やリズムを声や体で表現したり、保育者に読んでもらった絵本や素話を、遊びの中で再現したりするなどイメージの世界を楽しむなどがあげられています。

　以上が、おおよそのこの時期の保育のねらいと内容です。詳しくは、表12を参照してください。

　子どもの毎日は楽しく過ごすことが第一ですが、保育は、その楽しい体験を通して、子どもに育ってほしいことを意識することが重要になります。

表12　1歳以上3歳未満児の保育に関わるねらい及び内容

	健康	人間関係	環境	言葉	表現
	健康な心と体を育て、自ら健康で安全な生活をつくり出す力を養う。	他の人々と親しみ、支え合って生活するために、自立心を育て、人と関わる力を養う。	周囲の様々な環境に好奇心や探究心をもって関わり、それらを生活に取り入れていこうとする力を養う。	経験したことや考えたことなどを自分なりの言葉で表現し、相手の話す言葉を聞こうとする意欲や態度を育て、言葉に対する感覚や言葉で表現する力を養う。	感じたことや考えたことを自分なりに表現することを通して、豊かな感性や表現する力を養い、創造性を豊かにする。
ねらい	①明るく伸び伸びと生活し、自分から体を動かすことを楽しむ。 ②自分の体を十分に動かし、様々な動きをしようとする。 ③健康、安全な生活に必要な習慣に気付き、自分でしてみようとする気持ちが育つ。	①保育所での生活を楽しみ、身近な人と関わる心地よさを感じる。 ②周囲の子ども等への興味や関心が高まり、関わりをもとうとする。 ③保育所の生活の仕方に慣れ、きまりの大切さに気付く。	①身近な環境に親しみ、触れ合う中で、様々なものに興味や関心をもつ。 ②様々なものに関わる中で、発見を楽しんだり、考えたりしようとする。 ③見る、聞く、触るなどの経験を通して、感覚の働きを豊かにする。	①言葉遊びや言葉で表現する楽しさを感じる。 ②人の言葉や話などを聞き、自分でも思ったことを伝えようとする。 ③絵本や物語等に親しむとともに、言葉のやり取りを通じて身近な人と気持ちを通わせる。	①身体の諸感覚の経験を豊かにし、様々な感覚を味わう。 ②感じたことや考えたことなどを自分なりに表現しようとする。 ③生活や遊びの様々な体験を通して、イメージや感性が豊かになる。
内容	①保育士等の愛情豊かな受容の下で、安定感をもって生活をする。 ②食事や午睡、遊びと休息など、保育所における生活のリズムが形成される。 ③走る、跳ぶ、登る、押す、引っ張るなど全身を使う遊びを楽しむ。 ④様々な食品や調理形態に慣れ、ゆったりとした雰囲気の中で食事や間食を楽しむ。 ⑤身の回りを清潔に保つ心地よさを感じ、その習慣が少しずつ身に付く。 ⑥保育士等の助けを借りながら、衣類の着脱を自分でしようとする。 ⑦便器での排泄に慣れ、自分で排泄ができるようになる。	①保育士等や周囲の子ども等との安定した関係の中で、共に過ごす心地よさを感じる。 ②保育士等の受容的・応答的な関わりの中で、欲求を適切に満たし、安定感をもって過ごす。 ③身の回りに様々な人がいることに気付き、徐々に他の子どもと関わりをもって遊ぶ。 ④保育士等の仲立ちにより、他の子どもとの関わり方を少しずつ身につける。 ⑤保育所の生活の仕方に慣れ、きまりがあることや、その大切さに気付く。 ⑥生活や遊びの中で、年長児や保育士等の真似をしたり、ごっこ遊びを楽しんだりする。	①安全で活動しやすい環境での探索活動等を通して、見る、聞く、触れる、嗅ぐ、味わうなどの感覚の働きを豊かにする。 ②玩具、絵本、遊具などに興味をもち、それらを使った遊びを楽しむ。 ③身の回りの物に触れる中で、形、色、大きさ、量などの物の性質や仕組みに気付く。 ④自分の物と人の物の区別や、場所的感覚など、環境を捉える感覚が育つ。 ⑤身近な生き物に気付き、親しみをもつ。 ⑥近隣の生活や季節の行事などに興味や関心をもつ。	①保育士等の応答的な関わりや話しかけにより、自ら言葉を使おうとする。 ②生活に必要な簡単な言葉に気付き、聞き分ける。 ③親しみをもって日常の挨拶に応じる。 ④絵本や紙芝居を楽しみ、簡単な言葉を繰り返したり、模倣をしたりして遊ぶ。 ⑤保育士等とごっこ遊びをする中で、言葉のやり取りを楽しむ。 ⑥保育士等を仲立ちとして、生活や遊びの中で友達との言葉のやり取りを楽しむ。 ⑦保育士等や友達の言葉や話に興味や関心をもって、聞いたり、話したりする。	①水、砂、土、紙、粘土など様々な素材に触れて楽しむ。 ②音楽、リズムやそれに合わせた体の動きを楽しむ。 ③生活の中で様々な音、形、色、手触り、動き、味、香りなどに気付いたり、感じたりして楽しむ。 ④歌を歌ったり、簡単な手遊びや全身を使う遊びを楽しんだりする。 ⑤保育士等からの話や、生活や遊びの中での出来事を通して、イメージを豊かにする。 ⑥生活や遊びの中で、興味のあることや経験したことなどを自分なりに表現する。

注：表中の数字は項目数

● 保育内容は発達過程に沿いながら連続している

　前項で、3歳未満児の保育のねらいと内容を見てきました。そこだけに焦点をあてると、乳児保育のねらいと内容、1歳以上3歳未満児保育のねらいと内容が整理され、それぞれにそのねらいを達成するうえで体験してほしい内容が述べられています。そのねらいと内容は、主体性が尊重された子どもの活動を通して達成に向かうことになります。

　図12は、表11の乳児保育の人と関わる領域の「身近な人と気持ちが通じ合う」から、表12の1歳以上3歳未満児保育の「人間関係」、さらに表はありませんが、3歳以上児の保育の「人間関係」を加えて、ねらいと内容が連続していることを図示したものです。

乳児（0歳児）保育において、人と関わることに関してのねらいが3つ、そのねらいを達成するうえで子どもに体験してほしい内容が5つあげられています（表11参照）。乳児保育において、それらの内容の体験を十分に重ねた後に、1歳以上3歳未満児の保育の人間関係のねらいが3つ紡ぎ出されます。そして、そのねらいを達成するうえでの内容が6つあげられています。この時期の内容を十分に体験した先に、3歳以上のねらいが3つ出てきます。このねらいを達成するうえで子どもに体験してほしい内容が13項目あげられています。

図12　保育内容の連続性（人との関わりを例に）

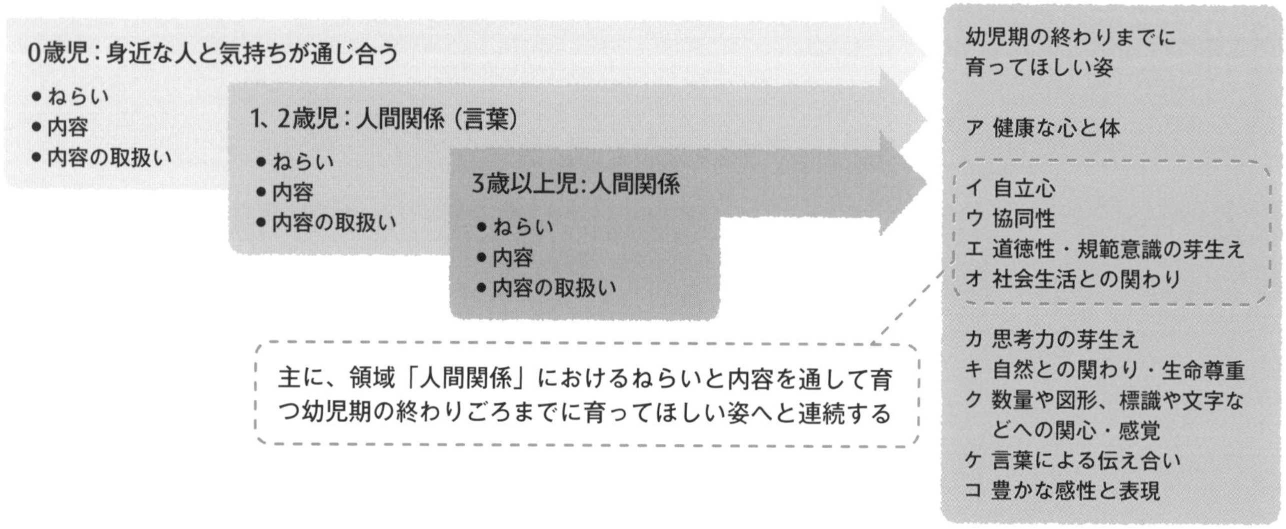

0歳児：身近な人と気持ちが通じ合う
- ●ねらい
- ●内容
- ●内容の取扱い

1、2歳児：人間関係（言葉）
- ●ねらい
- ●内容
- ●内容の取扱い

3歳以上児：人間関係
- ●ねらい
- ●内容
- ●内容の取扱い

主に、領域「人間関係」におけるねらいと内容を通して育つ幼児期の終わりごろまでに育ってほしい姿へと連続する

幼児期の終わりまでに育ってほしい姿

ア　健康な心と体

イ　自立心
ウ　協同性
エ　道徳性・規範意識の芽生え
オ　社会生活との関わり

カ　思考力の芽生え
キ　自然との関わり・生命尊重
ク　数量や図形、標識や文字などへの関心・感覚
ケ　言葉による伝え合い
コ　豊かな感性と表現

　以上のように人と関わる領域において、それぞれの時期の保育のねらいを達成するための内容を子どもが十分に体験することで、保育所保育指針第1章（2）（ウ）保育の目標「 人との関わりの中で、人に対する愛情と信頼感、人権を大切にする心を育てるとともに、自主、自立及び協調の態度を養い、道徳性の芽生えを培うこと」に向かいます。この目標を「幼児期の終わりまでに育ってほしい姿（いわゆる10の姿）」としてとらえると、おおよそ以下の姿に該当することになります。

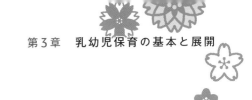

イ　自立心

　身近な環境に主体的に関わり様々な活動を楽しむ中で、しなければならないことを自覚し、自分の力で行うために考えたり、工夫したりしながら、諦めずにやり遂げることで達成感を味わい、自信をもって行動するようになる。

ウ　協同性

　友達と関わる中で、互いの思いや考えなどを共有し、共通の目的の実現に向けて、考えたり、工夫したり、協力したりし、充実感をもってやり遂げるようになる。

エ　道徳性・規範意識の芽生え

　友達と様々な体験を重ねる中で、してよいことや悪いことが分かり、自分の行動を振り返ったり、友達の気持ちに共感したりし、相手の立場に立って行動するようになる。また、きまりを守る必要性が分かり、自分の気持ちを調整し、友達と折り合いを付けながら、きまりをつくったり、守ったりするようになる。

オ　社会生活との関わり

　家族を大切にしようとする気持ちをもつとともに、地域の身近な人と触れ合う中で、人との様々な関わり方に気付き、相手の気持ちを考えて関わり、自分が役に立つ喜びを感じ、地域に親しみをもつようになる。また、保育所内外の様々な環境に関わる中で、遊びや生活に必要な情報を取り入れ、情報に基づき判断したり、情報を伝え合ったり、活用したりするなど、情報を役立てながら活動するようになるとともに、公共の施設を大切に利用するなどして、社会とのつながりなどを意識するようになる。

　もちろん、人と関わる領域のねらいや内容を体験する中で育つものは上記だけではなく、これ以外の10の姿の中にも表れます。また、ほかの領域でのねらいや内容を体験することも上記イ〜オの4つの姿にかかわってきます。それは、領域は互いに重なり合っているからです。

　次に発達過程という概念について考えていきます。

　図12の「乳児保育」のねらいが、「1歳以上3歳未満児保育」では表に入っていませんが、そのねらいが下敷きになって、1歳以上3歳未満児保育のねらいが示されて

います（矢印が2つ重なっています）。さらに「3歳以上児保育」のねらいの下敷きには乳児保育、1歳以上3歳未満児保育のねらいがあります（矢印が3つ重なっています）。

3歳児クラスの子どもの姿を例にとってみると、3歳児クラスの子どもは全員同じ姿を現しているとは限りません。むしろ同じでないことが多いです。その姿の現れは様々な理由によりますが、例えば、「身近な人と気持ちを通い合わせる」体験が極端に不足していて、友だちと関わることが難しい子どもがいたとしたら、歴年齢では3歳ですが、3歳以上児のねらいを参照して、この子どもに合わせたねらい（例えば、友だちと関わりを深め一緒に活動する楽しさを味わうなど）を立てることができません。その子どもの人との関わりに関する領域の発達過程を理解して、つまりその子どもの発達過程に合わせてねらいを立てる必要があります。

このように目の前の子どもの姿に沿ってねらいを立てるとしたら、歴年齢による発達過程（いわゆる定型発達）だけでは、子どもの発達を保障する保育にはなりません。歴年齢による発達過程ではなく、その子どもの発達過程に合わせた保育でなければ、子どもの最善の利益を保障する保育とは言えません。

④ 保育の方法（乳幼児期の保育・教育の独自性）

前項にあげた保育の内容及びねらいは、主に教育的側面から述べられています。しかし、乳幼児期の教育は、その発達特性から小学校以上で言われる教育とはその方法が異なります。その違いを学校教育法第22条の解釈で見てみます。

第二十二条　幼稚園は、義務教育及びその後の教育の基礎を培うものとして、幼児を保育し、幼児の健やかな成長のために適当な環境を与えて、その心身の発達を助長することを目的とする。（下線筆者）

幼稚園は学校ですから、そこでは教育が行われています。しかし、その幼稚園という学校の目的に「…保育し」のように記されています。これを学校教育では次のように解釈しています。

幼児はまだ年少であるから、幼稚園の幼児の心身発達に応じた教育の中には、児童生徒とは異なり、一定の養護や世話が必要となる。さらに、幼稚園の教育が、小学校以上のように教育内容を体系的に分類した教科を中心にして内容の修得を行わせるのとは異なり、幼児の具体的な生活経験に基づいた総合的指導を行うものであるので、その教育方法の独自性を表す用語として、保育を使うとしています。

　幼稚園における教育は、一定の養護や世話を受けながら、日々の具体的な生活や遊びを通して総合的に行うものであるとしています。保育所や認定こども園においても同様に考えられています。

● 養護と教育の一体化

　保育所保育指針では、養護と教育が一体的に行われるということに関しては総則で保育所保育の基本原則として、保育所の役割について次のように述べられています。「イ　保育所は、その目的を達成するために、保育に関する専門性を有する職員が、家庭との緊密な連携の下に、子どもの状況や発達過程を踏まえ、保育所における環境を通して、養護及び教育を一体的に行うことを特性としている（下線筆者）」。
　そして、その解説では、「養護と教育を一体的に展開するということは、保育士等が子どもを一人の人間として尊重し、その命を守り、情緒の安定を図りつつ、乳幼児期にふさわしい経験が積み重ねられていくよう丁寧に援助することを指す（下線筆者）」としています。さらに、具体的に「子どもが、自分の存在を受け止めてもらえる保育士等や友達との安定した関係の中で、自ら環境に関わり、興味や関心を広げ、様々な活動や遊びにおいて心を動かされる豊かな体験を重ねることを通して、資質・能力は育まれていく」と続けています。
　このことを具体的なエピソードで確認すると表13のようになります。
　子どもの気持ちを受容しながら（養護的側面）、子どもの発達や興味に合わせて乗り越え可能な少し先をも見通して遊びを展開していること（教育的側面）が理解できます。

表13　養護と教育が一体となった保育

エピソード	子どもの行動と保育者の対応（欲求を読み取り温かく共感的に応答する）
	保育室は安心できる場所、保育者は安心できる人である。 （日常的に欲求を受け止められるという養護的関わりの蓄積がある。）
保育者がとしひろ君（1歳6か月）を外向きに抱いてメモしていると、まりかちゃん（10か月）が柵を伝い歩きしてきて、保育者ととしひろ君の少し手前でドタッとお尻から座る①。	①まりかちゃんは、保育者ととしひろ君（興味の源泉）に気付き、伝い歩き、座るなどの機能（できるようになったこと）を働かせて、気付いたこと（興味の源泉）に向かう（自らで面白さを探索する）。
保育者はまりかちゃんに向かって、としひろ君を抱いたまま身体を左右に「ゆらゆら」と言いながら揺らす。すると、大急ぎでもう少し近くまで這っていき②、	②保育者は、まりかちゃんの気持ち（保育者と、としひろ君のやり取りに気付き興味をもつ）を読み取る。そして、保育者は、一緒に遊ぼうと、「ゆらゆら」と動きを伴って一緒に遊ぼうと働きかける（まりかちゃんの気持ちを受け止め、まりかちゃんの興味に沿って）。
その前ではいはいの姿勢でとまってその様子を見ている。その内、まりかちゃんも保育者の身体の動きに合わせてゆらゆらと身体を左右に揺らす。それを見て、保育者がまりかちゃんに向かって、としひろ君の手を取り、「パチパチ」と言いながら両手を打ち合わせる③と、	③保育者は、まりかちゃんが保育者からの誘いを受け止め、同じように身体を揺らす（その動作の楽しさに共鳴する：動作をする（情動交流）。保育者は同じ動作をする楽しさに共感しながら、この間遊んだパチパチも楽しいよね、それでも遊んでみようと動作で誘う（まりかちゃんととしひろ君の興味に沿って、受け入れ可能な程度の遊びの提案）。保育者は3人で楽しさを共有していることを意識してパチパチと動作する（友だちとの関係の育ちへつなげる働きかけをする）。
まりかちゃんははいはいの格好からお座りになり、笑いながら同じようにパチパチする④。	④まりかちゃんは、できるようになっている力（はいはいの姿勢からお座りをして）で、同じ動作で楽しさを共有する（よりよい生活を営む）ことへと情動（気持ちを）を調節（移行）していく。

注：エピソード下線①と保育者の対応の①は対をなしている。

● 生活や遊びを通して行われる

　遊びとはどのようなことを言うのか、ここでは高橋を引用することにします。高橋は、遊びに関する所説を考慮し、主に心理学的機能から遊びの特徴を整理し、図13（筆者改変）を表しました。

図13　遊びの心理的要素（筆者改変）

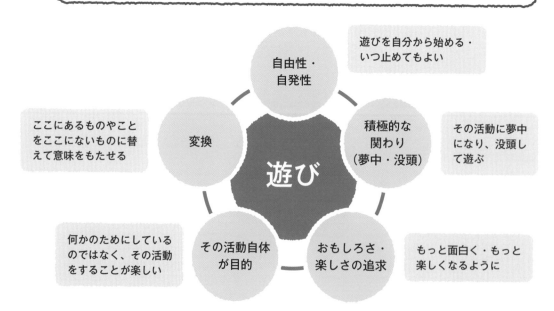

出典：高橋たまき、中沢和子、森上史朗共編　『遊びの発達学—基礎編』培風館、p6、1996年を一部改変

遊びは自分から、あるいはその周囲に興味をもち、楽しさやおもしろさを求めて積極的に関わり、夢中にさせる活動と言えます。さらに、夢中になっている活動（遊び）は、何かを学ぼうとしてその活動（遊び）をしているのではなく、その活動自体がおもしろい・楽しいからするのであり、おもしろくなくなったらいつでもやめる自由があります。また、最も遊びらしい要素として、何かに成り代わって楽しく（ふり遊び等）、また、何かに見立てて（見立て遊び等）そのおもしろさを追求するということがあります。

　以上の、全く主体的な子どもの活動（遊び）と保育（教育的側面）はどのような関係にあるのでしょうか。

　遊びには始まりと終わりがあります。この遊びのそれぞれにプロセスにおいて、子どもが体験していることと保育者の対応をまとめたのが図14です。この遊びのプロセス（図14参照）において、子どもが何をどのように体験しているのかが保育の質を決めることになります。そして、主体性を大切にする保育において、遊びがどれだけ重要であるのか理解できます。

　例えば、子どもが遊び出しました。遊びはいつ初めていつ終わってもよいという特性をもっているので、それで遊ぶ楽しさを十分に体験できていないと、次から次へと子どもの興味が移ろいます。そのままにしておくと、遊びに夢中になる、没頭するということが難しくなります。発達に必要な体験が難しくなるどころか、落ち着きなく動き回ることにもなりかねません。

　保育者には、子どもの興味を理解して遊びたくなる環境を用意することが求められます。子どもが夢中で遊ぶようになるために、特に3歳未満児においては、保育者が一緒に楽しく遊ぶことが必要です。また、遊びの終わり方は、子どもがある程度満足して充実感をもって次の活動へ自分で移っていけるよう片づけの在り方などを工夫することが必要です。これが保育の質（主体的で、対話的で深い学びが起きる）を左右します。つまり、質の高い遊びの展開が子どもの発達体験の質に影響するということです。

図14　遊びのプロセスとそこでの体験・保育者の対応

遊びのプロセス	遊びの創出 →	遊びへの没頭 →	遊びの終わり（振り返り）
子どもが体験していること	●遊びの環境 ●遊びを誰が作り出すか（保育者から、子どもから）	●楽しさ・面白さの追求 ●試行錯誤・工夫・協力 ●失敗や葛藤 ●課題解決 ●折り合い ●挑戦など	●面白かった ●またやろう ●明日もやろう
保育者の対応	●子どもが自ら遊びだしたことを発展できるように援助する（遊びたくなる環境） ●保育者が子どもの興味・関心を読み取ってそれらが満足できるような遊びを提案し発展させていく	●一人で面白さを追求することを必要に応じてサポートする ●一人の遊びの面白さをほかの子と共有できるように適宜サポートする ●集団の遊びをサポートする。子ども同士では難しそうな場面を一緒に考えたりする	●自分から満足感・充実感をもって終れるようにする ●次への期待をもって終れるようにする ●終わり方の工夫（たとえば片づけのあり方など）

　乳幼児期の保育（教育的側面）は、生活や遊びを通して行われることを特徴とすることが、小学校以上の教育と異なるところです。再度、ここで強調したいことは、何かのために遊ぶのではないということです。例えば、字を覚えるために絵本を読むのではありません。保育者から絵本を読もうと誘ったとしても、字を教えるためではありません。子どもと一緒に楽しく絵本を見たいと誘うのであり、子どもはおもしろそうと心動かされて絵本を見ることになります。絵本の楽しさの体験を保育者と共有することの積み重ねの中で、または、子どもから絵本に触れる中で、絵の美しさを感じたり、絵と字の関係に気づいたりという過程を経て、例えば字に興味をもつことになるかもしれないということです。

　子どもの主体性を大切にし、その主体性を育てる保育の特性は、養護と教育が一体となって行われること、生活や遊びを通して行うことが重要であることをこれまでに述べました。これらを特性とする乳幼児期の保育（教育的側面）は、環境による保育によって必然的に導き出されることになります。

3 保育内容の展開

① 保育を構造化してとらえる

● 保育の全体的な計画

　保育の全体的な計画は、保育所の理念や方針をふまえ、入所から就学に至るまでの期間全体に渡って、保育の目標を達成するために、どのように保育を進めていくのかという保育の全体像を包括的に示したものです。そのため、保育所におけるすべての計画を含み込んだものとなります。全体的な計画について、保育所保育指針では次の点に留意して作成するとしています。

- 子どもの発達過程を踏まえて、保育の内容が組織的・計画的に構成され、保育所の生活の全体を通して、総合的に展開されるよう作成する。
- 子どもや家庭の状況、地域の実態、保育時間などを考慮し、子どもの育ちに関する長期的見通しをもって適切に作成する。
- 全体的な計画は、指導計画、保健計画、食育計画等を通じて、創意工夫して保育できるように作成する。

　図15は、全体的な計画に含まれる計画の関連を示したものです。全体的な計画は、保育所がその役割を果たすために、子どもの望ましい発達をめざして展開するあらゆる計画が含まれています。保育の全体的な計画は、子どもの最善の利益を保障するうえでの、保育所の根幹をなす計画であり、すべての計画の最上位に位置づけられます。したがって、その保育所に勤務するすべての職員に共有されるものです。

図15　保育の全体的な計画の構造

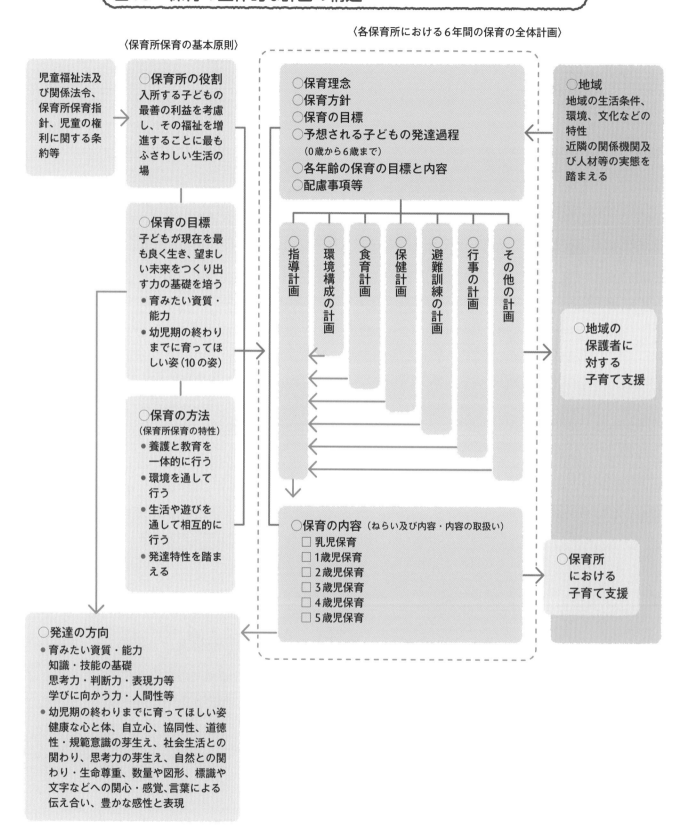

〈保育所保育の基本原則〉　　　　〈各保育所における６年間の保育の全体計画〉

児童福祉法及び関係法令、保育所保育指針、児童の権利に関する条約等

○保育所の役割
入所する子どもの最善の利益を考慮し、その福祉を増進することに最もふさわしい生活の場

○保育の目標
子どもが現在を最も良く生き、望ましい未来をつくり出す力の基礎を培う
● 育みたい資質・能力
● 幼児期の終わりまでに育ってほしい姿（10の姿）

○保育の方法
（保育所保育の特性）
● 養護と教育を一体的に行う
● 環境を通して行う
● 生活や遊びを通して相互的に行う
● 発達特性を踏まえる

○保育理念
○保育方針
○保育の目標
○予想される子どもの発達過程
（0歳から6歳まで）
○各年齢の保育の目標と内容
○配慮事項等

○指導計画
○環境構成の計画
○食育計画
○保健計画
○避難訓練の計画
○行事の計画
○その他の計画

○保育の内容　（ねらい及び内容・内容の取扱い）
□ 乳児保育
□ 1歳児保育
□ 2歳児保育
□ 3歳児保育
□ 4歳児保育
□ 5歳児保育

○地域
地域の生活条件、環境、文化などの特性
近隣の関係機関及び人材等の実態を踏まえる

○地域の保護者に対する子育て支援

○保育所における子育て支援

○発達の方向
● 育みたい資質・能力
知識・技能の基礎
思考力・判断力・表現力等
学びに向かう力・人間性等
● 幼児期の終わりまでに育ってほしい姿
健康な心と体、自立心、協同性、道徳性・規範意識の芽生え、社会生活との関わり、思考力の芽生え、自然との関わり・生命尊重、数量や図形、標識や文字などへの関心・感覚、言葉による伝え合い、豊かな感性と表現

● 全体的な計画の作成の手順

　全体的な保育の計画のもとに保育が運営されます。したがって、保育は施設長のリーダシップのもとに組織的な取り組みとなり、すべての職員が関わることになります。保育所保育指針解説では全体的な計画の作成の手順として以下の例をあげています。

1) 保育所保育の基本について、職員間の共通理解を図る。
   - 児童福祉法や児童の権利に関する条約等、関係法令を理解する。
   - 保育所保育指針、保育所保育指針解説の内容を理解する。
2) 乳幼児期の発達及び子ども、家庭、地域の実態、保育所に対する社会の要請、保護者の意向などを把握する。
3) 各保育所の保育の理念、目標、方針等について職員間の共通理解を図る。
4) 子どもの発達過程を長期的に見通し、保育所の生活全体を通して、第2章に示す事項を踏まえ、それぞれの時期にふさわしい具体的なねらいと内容を、一貫性をもって構成する。
5) 保育時間の長短、在籍期間の長短、その他子どもの発達や心身の状態及び家庭の状況に配慮して、それぞれにふさわしい生活の中で保育目標が達成されるようにする。
6) 全体的な計画に基づく保育の経過や結果について省察、評価し、課題を明確化する。その上で、改善に向けた取組の方向性を職員間で共有し、次の作成に生かす。

● 指導計画の構造

　指導計画（図15の点線で囲われた部分参照）は、全体的な計画に基づいた保育を実施する際のより具体的な方向性を示したものです。指導計画は、ある時期における子どもの姿から考えられる保育のねらい・内容・環境、そこで予想される子どもの活動、それに応じた保育者の対応や配慮、家庭との連携や保育者間の連携のあり方などが記入されます。

　指導計画は、長期のもの（年間指導計画、期間指導計画、月案）と短期のもの（週案、日案）があります。短期になればなるほど具体的になっていきます（図16参照）。

現実的には、日案は必要に応じて作成されますが、通常は週単位で、あるいは月を2つか3つに分けて作成されます。年齢が低いほど計画の期間を細かくしないほうが子どもの発達に即していると思います。

図16　全体的な計画から、日々の保育（指導計画日案）へ

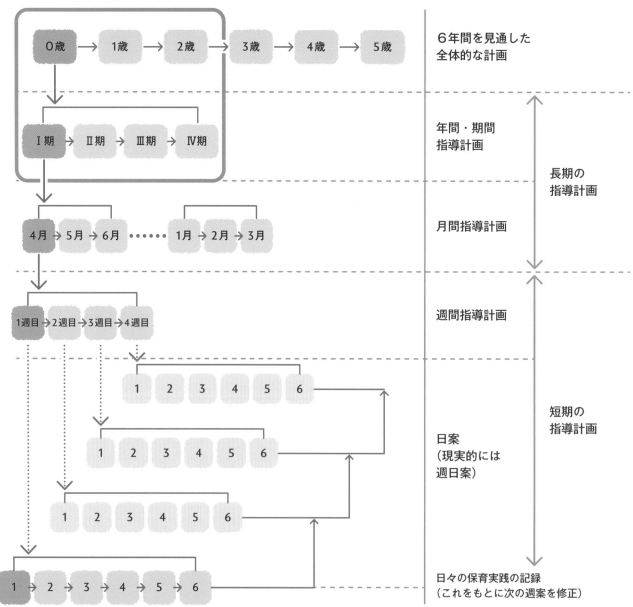

●3歳未満児の指導計画作成の留意点

　指導計画の作成においては、保育のねらいや内容を参照するとともに、子どもたちの生活や遊びを基底で支える健康や安全、保護者支援なども考慮します。同時に、自らのクラスの一人ひとりの子どもの発達や願いを理解して作成することになります。特に、3歳未満児においては、心身の発育・発達が顕著な時期であり、その個人差も大きいため、一人ひとりの子どもの状態に即した保育が展開できるよう、個別の指導計画が必要になります。保育所保育指針では、3歳未満児の指導計画の作成上の留意点として以下の点をあげています。

> （ア）3歳未満児については、一人一人の子どもの生育歴、心身の発達、活動の実態等に即して、個別的な計画を作成すること

　個別の計画は、月ごとに立てることを基本とし、子どもの状況や季節の変化などにより、ある程度見通しに幅をもたせ、子どもの実態に即した保育が可能となるように立案します。

　保育所における集団生活の中で、保育者が一人ひとりの子どもの欲求に丁寧に応答するために創意工夫が求められます。それには、子どもが安心感をもって、探索活動や好きな遊びができる環境をどのように構成するのか、また、一人ひとりの不安や混乱した状態などが適宜、保育者に受け止められるように配慮された計画になっていることが重要になります。

　保育所保育指針の解説では、以下の点も求められています。

- 3歳未満児は心身の諸機能が未熟であるため、担当する保育士間の連携、看護師・栄養士・調理員等との緊密な協力体制の下で、保健及び安全面に十分配慮すること
- 緩やかな担当制の中で、特定の保育士等が子どもとゆったりとした関わりをもち、情緒的な絆を深められるようにすること
- 保護者支援においては、その思いを受け止めながら、「子どもの育ちを共に喜び合う」という基本姿勢をもち、一日の生活全体の連続性を踏まえて家庭との連携を盛り込むこと

② 保育（指導計画）の展開

● 子どもの姿─計画─実践─振り返り・評価─計画の修正・改善

　保育は、「今・ここ」での子どもとの関わりや生活（遊びを含む）だけをさすわけではありません。直接子どもと関わるやりとりは、育ってほしい子ども像（目標）に向けて、子どもの気持ちを尊重しながらどのような内容（体験してほしいこと）をどのように展開するのか、指導計画をもとに実践することになります。

　子どもとの「今・ここ」の関わりの実際においては、必ずしも計画通りにはいかず、子どもとのやりとりの最中において、子どもの気持ちを尊重して、計画を微調整したり、関わり方の修正してみたりと、その場と対話しながらの実践になります。

　実践後は、やりっぱなしというわけにはいきません。子どもの望ましい発達を保障するために、自らの保育実践を評価する（振り返る）ことになります。自分の記憶だけではなく、どのように子どもと関わったのか、子どもの活動はどうだったのかなどを記録し、その記録をもとに、保育実践を振り返ることを通して評価を行います。

　保育の評価をもとに、計画を修正したり、あるいは改善をした計画を改めて作成することになります。

　つまり、日々の保育は、目の前の子どもの生活や遊びに現れる姿から計画を立て、それをもとに実践し、実践においても子どもの姿を意識することになります。実践終了後に、記録された子どもの生活や遊びの姿をもとに実践を振り返り、評価します。この評価（子どもにとってどうだったか）をもとに、次の計画の修正をして実践に臨むことになります。保育の営みは途切れることなく計画→実践→評価→計画の修正・改善→実践……と循環し続けることになります（図17参照）。

　この計画と実践を子どもの姿に添って改善・実践されることで、保育の質（子どもの最善の利益）の向上が図られていきます。

図17　保育の構造

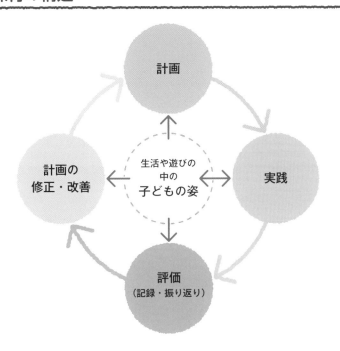

●3歳未満児の指導計画作成の手順

　指導計画作成の手順は、個別の計画もクラスの指導計画も同じです。ここでの事例は、月の個別の計画を用います。

前月の子どもの姿をとらえる

　保育の場は、一人ひとりの子どもが主体として生活や遊びをする中で、様々な発達につながる体験をするところです。その一人の子どもの発達を支えるための指導計画ですから、まずは、その子どもの今の発達過程をできる限り理解します。個別の指導計画のもとになるのは、標準的な子どもの発達の姿やこの年齢ではこうあるべきという保育者の子ども像ではありません。

　その子どもの姿を何で理解するのか。日々の子どもとの関わり（関わりの事実）を記録した保育日誌の中の、その子どもについてのエピソード記録の集まりから理解することになります。そのためには、一人ひとりとの関わりを意識的にすることです。そして、その日のうちに保育日誌に記録することです。やり取りの記録は、やり取りの状況が後で読んでもほかの保育者が読んでも理解できるように、個人名で、具体的

に記録します。

次の月の指導案を作成するために、前月の子どもの姿（日誌に現れたその子どもの姿）を整理することになります。実際には、前月の最後の週あたりの子どもの姿を抜き出します（表14・左側参照）。その姿から子どもの今の発達過程を理解します（表14・右側参照）。4月においては、新入児など前月がわからないときもあるので、最初のころの関わりを丁寧に記録したり、保護者からの聞き取りを丁寧に行って計画を作成することになります。

今月のねらいを設定する

年間指導計画と前月の子どもの姿から考えることになります。あらかじめ作成されている該当期間（年間計画・期間計画）のねらいをもとにして、前月のこの子どもの姿に照らし合わせながら、今月のねらいを具体的に考えます。前月のねらいや子どもの姿から考えて、無理のないように連続させて、修正しなければならないところを修正して、月のねらいを設定します。

事例にあげた保育室（0歳児クラス）の年間計画の該当期間のねらいとあまりずれ

表14　保育日誌（Aちゃん）・1歳0か月の発達の姿を理解する

日	子どもの姿の記録	体験していることを読み取る（子ども理解）
25	頻繁にダンボールのトンネルにはいはいしていき、保育者と「ばあー」と顔を合わせて笑い合う。そして、また、はいはいでトンネルに入っていく。	● 思うように体が動くことがうれしい。 ● 保育者と動作を伴って気持ちをやり取りすることを喜ぶ。
26	ジャングルジムに向かってはっていき、つかまって立ち上がる。ふらふらしてバランスが崩れるので、後ろから体を支え、座らせるが、また立ち上がる。	● ジャングルジムがどんなものであるのかわかり、やってみようとする（今を超える力）
27	● 保育者がうたっていると、声を聞きつけてはいいで近寄ってくる。目が合うとにっこりして歌を聞いている。「ゾウさん」をうたうと合わせて体を揺らしている。 ● 戸から顔をだして「いあー」と言ったりかくれたりして笑っている。 ● 食事の準備をしていると食べたいとでも言っているかのように声を出して訴える。	● 保育者の歌（興味のある）をよろこんで聞く。 ● 歌に合わせて喜びを体で表現する。 ● いないいないば〜がわかり、自らその楽しさを作り出そうとする。 ● 気持ちを喃語で表現する。
28	● 保育者の顔を見て笑いかけることがよくある。保育者のまなざしや表情を見て、体を揺らす。 ● 排便がスムーズになっている。体の動きがスムーズになったことも関係があるのだろうか。	● 自分から、相手（大好きな保育者）が応えてくれるのを期待して働きかける（笑顔で、体を揺らして、うたって）。
29	● 早く食べたいと身を乗り出し、声を出しながら訴える。1対1で離乳食を食べている時に来客あり。その対応のために「お客さんのところに行ってくるね」とほかの保育者にお願いをして離れると、怒り大泣きで食べようとしない。対応が終り「ごめんね。お客さんだったよ」と言いながら抱き上げると、泣きは治まり、パクパク食べ始めた。	● 自分の欲求を体や喃語で訴える。 ● 予想を裏切られることに対する怒りを表現する（大泣き、食べない─要求がはっきりしてきている）。元に戻ったこと（不満が解消されたこと）で、安心する
30	● 午睡中、目覚めた時、保育者がそばにいて「おるよー。おめめさめたねー」と声をかけると安心したのかまた眠る。 ● トンネルから顔を出し、「ばあー」と言うのに合わせて「ばあー」と返すと何回も「ばあー」をくり返し笑顔があふれる。	● 安心感 ● やり取り遊び（働きかけ、働きかけ返してもらうことの快さを味わう（信頼感の深まり）

25日〜30日の保育日誌から、Aちゃんについて書かれているエピソードを抜き出したもの

ていなかったことと、子どもの発達理解（表14・右側参照）をもとに、ねらいが片寄らないように3つの視点、つまり、「健やかに伸び伸び育つ」「身近な人と気持ちが通じ合う」「身近なものと関わり感性が育つ」から考えます。いつでも3つの視点が揃っていなければならないということではありません。ちなみに、事例の子ども前月の姿からは、ものと関わる活動が活発ですが、保育者は「体が思うように動く喜び」に視点を置いて、以下のようなねらいを設定しました。しかし、ものとの関わりをないがしろにしているということではありません。

ねらい

- 周囲のものに自分から関わるなど、体が思うように動くことを喜ぶ。
- 保育者の言うことが分かり、一緒に動作するなどして楽しんだり、自分から保育者に働きかけたりする。
- 思うようにいかないことを泣いて訴えるなど主張する。

ねらいを達成するための内容を考える

　内容は、どのような体験をすることでねらいの達成に向かうのかを考えます。体験の内容が片寄らないように、ねらいと対応させる形で考えることになります。

　事例のねらいに沿って、内容を考えてみましょう。

内容

- 保育者に見守られて安心して眠る。
- 好きなおかずを見つけて手に持って食べようとする。
- 興味のあるものを見つけて、思うように動き回ることの楽しさを感じる。
- 保育者の歌やリズムなどに合わせてやり取りすることを喜ぶ。

　ねらいの達成に向けて、Aちゃんの興味や関心からの活動を通して十分に体験してほしいこととして、上記の4つの内容を考えました。内容は保育者がAちゃんに体験してほしいこととして考えたものですが、子ども（Aちゃん）は自分の欲求から活動

します。そして、この活動を通して体験されることで、子どもは発達（様々な力を身につけていく）していきます。ですから、内容（大人が子どもに体験してほしいこと）と活動（子どもが自ら行動すること）は異なります。

　例えば、ねらいの「周囲のものに自分から関わるなど、体が思うように動くことを喜ぶ」に対応する内容は、「好きなおかずを見つけて手に持って食べようとする」「興味のあるものを見つけて、思うように動き回ることの楽しさを感じる」があげられます。ねらいの達成に向けての子どもの興味からの活動として考えられることは、穴に物を入れようとする、小さな隙間を通り抜けようとする、鉄棒にぶら下がる、ほかの子の落としたおかずを拾おうとする、シャベルで穴を掘ろうとする、水道の蛇口を回そうとする、トイレのレバーを押して水の流れるのを見る、トイレットペーパーを引っ張り出す、でこぼこ道を危なげに歩くなど、日常の子どもの姿を観察すると無数にあるわけです。ですから、内容としてあげた2つにこだわらずに、それらと同じ体験が可能となる活動で代替されるかを考えることになります。大人が決めた内容を無理強いすることのないように、柔軟に対応したいものです。

　ただし、危険を避けるなどの安全面は保育者がしなければならないことです。何を禁止するのか、そして、どのように禁止するのかは十分に検討することが必要になります。そうしないと、子どもが主体的に、自分の体を思うように動かすことを楽しいものと感じる体験が難しくなり（強いられることでは楽しさを感じない）、自立の基礎となる体を思うように動かすことの快さにならないということです。

環境を構成する

　環境の構成は、一つの保育室で数人の子どもたちが一緒に生活しているので、必ずしも、その子ども（Aちゃん）だけの活動を考えて構成されるわけではありません。この保育室に生活する一人ひとりの子どもの、それぞれのねらいと内容が達成される子どもの活動を予想して構成されることになります。

- **環境構成** -

- 一人ひとりのペースで飲んだり食べたりできるように、また、眠たい時に眠れるように場を区切るなどして静かでゆったりとした環境を整える。
- 一人ひとりの体調や、天候を見ながら、園庭に出て遊んだり、ベビーカーなどを使って散歩に出かけたりする機会をつくる。

- 一人ひとりの子どもの発達や興味にそったおもちゃを用意して、子どもが取りやすいように遊びのコーナーなどを工夫した環境を整える。

保育者の配慮

　一人ひとりの子どもの主体性を尊重した保育において、また、養護的側面として保育者が適切に行うことは、一人ひとりに対して行うことになります。Aちゃんの養護的側面を含めた配慮点を考えてみましょう。

保育者の配慮（養護的側面を含む）

- 自分で手に持って食べるうれしさに共感しながらAちゃんのペースで食べられるようにする。
- おむつを替えるのを嫌がるときには、Aちゃんの好きな歌をうたいながら無理強いしないように誘う。おむつを替えているときは、「おしっこでたね」「気持ちよくなったねー」と言葉を添えて気持ちよさを感じられるようにする。
- 室内の滑り台で遊んだり、室内外をはったり、つかまり立ちしたりするなど、思う存分に体を動かせるよう環境を整える。滑り台など大型遊具のそばですぐに対応できるように見守り、安全に遊べるように気を配る。
- Aちゃんの表情や声などでの働きかけに、「うれしいね」「見つけたの」などと共感しながら応答し、保育者とのやり取りに喜びを感じられるようにする。

保護者との連携

　子どもは、目覚めている時間のほとんどを保育所で過ごしていますが、保育所だけで育っているわけではありません。子どもの24時間を視野に入れた保育が必要になります。保護者が、直接関われない子どもの様子を知り、共に育てていくためには、保育者との連携が必要になります。連絡帳や朝夕の送迎時のやり取りが大切になります。その時間をどのように過ごすか。また、連絡帳に何を書くかを考えておくことが大切です。
　Aちゃんの次の月の保護者との連携について考えてみましょう。

● 離乳食の進め方について、園と家庭で大幅くズレないように、連絡帳や送迎時に、食事中のＡちゃんの様子を伝える。手づかみは自分で食べようとする気持ちの現れであり、発達の意味合いを含めて対応の仕方などを伝え、家での様子も知らせてもらう。

● 体が動くことがうれしく活発になってきているなど、成長を喜び合うとともに、危険や誤飲など、気をつけたいことを具体的に知らせ、対応について共有を図っていく。

以上、０歳児クラスのＡちゃんの例をもとに、個別の指導計画作成の手順を具体的に見てきました。ほかに、クラス全体としては、保育者間連携やその月の行事などをどのようにするのかについて確認し、計画します。

● 指導計画作成後の確認

以上の手順で指導計画（月の個別の計画）を作成しました。次のチェック・ポイントに従って指導計画の最後の確認をします。

☑ 計画に当たって、先に活動を決めていなかったか（子どもの姿の理解からの計画）。

☑ 活動だけが書かれている指導計画になっていないか。

☑ ねらいと内容の意味を理解し、区別して記述しているか。

☑ ねらいを子どもの生活や遊びの姿からとらえているか（子どもが主語になっているか）。

☑ ねらいと内容が対応しているか（ねらいはねらい、内容は内容とばらばらになっていないか）。

☑ 環境の構成や配慮は、子どもの発達や興味に即したものになっているか。

☑ 環境の構成や配慮は、内容を体験するうえで予想される子どもの活動を多方向からとらえて構成されているか、配慮があるか。

☑ 家庭との連携は保護者の事情や願いを理解して立てられているか。

 保育の振り返り・評価

●自己評価

　保育の評価は、一人ひとりの子どもの発達過程と育ちへの要求を理解し、育とうとする子どもの発達を援助するうえで、より適切な環境構成や関わり方などを考えるために行います。一般化された発達の姿を基準に、その姿に到達しているかどうかを評価するのではなく、発達の過程そのものを、つまり、子どもの今の姿をとらえ、その子どものこれからのねらいや内容を考えるためのものです。子ども同士の育ちを比較するためではありません。

　　ア　保育士等の自己評価
（ア）保育士等は、保育の計画や保育の記録を通して、自らの保育実践を振り返り、自己評価することを通して、その専門性の向上や保育実践の改善に努めなければならない。
（イ）保育士等による自己評価に当たっては、子どもの活動内容やその結果だけでなく、子どもの心の育ちや意欲、取り組む過程などにも十分配慮するよう留意すること。
（ウ）保育士等は、自己評価における自らの保育実践の振り返りや職員相互の話し合い等を通じて、専門性の向上及び保育の質の向上のための課題を明確にするとともに、保育所全体の保育の内容に関する認識を深めること。

（保育所保育指針第1章、下線筆者）

保育の記録−保育日誌を丁寧に

　あるべき姿や思い込みからの保育ではなく、子どもの姿から保育を組み立てる子ども主体の保育には、その実践のための根拠が必要になります。これからの子どもの発達を保障するうえでのねらいや内容を考えるために、今・ここの子どもの姿をありのままにとらえ、その姿をもとに発達過程を理解し見通しをもつことが重要です。その

ために保育日誌を位置づけたいものです。一般的によく見られるような、後で見ることがほとんどないような業務日誌としてではありません。

　保育日誌に書き込む項目は様々ありますが、特に、子どもの生活や遊びの姿をとらえるための一人ひとりの子どもの姿が書き込まれていることが必要となります。毎日、クラス全員の子どもというわけにはいかないと思いますので、一週間単位ぐらいで、クラスの子どもの全員の姿が記されているようにしましょう。

保育日誌の子どもの姿から子ども理解を深める保育の評価

　それらの記録から、子どもの育ちをとらえる視点として、保育所保育指針解説を参照して以下のようにまとめました。

- 乳幼児期の発達の特性とその過程を参照し、その子どもの発達過程に沿って、ねらいと内容の達成状況を評価することを通して、一人ひとりの子どもの育ちつつある様子をとらえる
- 遊びのきっかけや、展開、終わりというように体験の連続の中で育つものに目を向ける
- ものや人に対する感情の揺れ動きなど、一人ひとりの心の動きや内面の育ちをとらえる
- 子どもが何をしていたのかとか、できるできないという行動面だけでとらえない
- 発達には個人差があるので、ほかの子どもと比べない
- 子ども同士及び保育者との関係など、周囲の環境との関わり方も視野に入れてとらえる
- 必要に応じて、生育歴や保育歴、家庭や地域社会での生活の実態なども考慮する

　一人ひとりの子どもの育ちを保障するうえでは、個別の理解が重要ですが、集団保育の場では、その場における子どもたちの生活や遊びを視野に入れながらの一人ひとりの理解ということになります。つまり、園環境の中で、保育者間、他職種間、保護者との連携のあり方、子ども同士の関係など、複雑に絡み合いながら、互いに影響を

受け合いながら育ち合っているという視点も忘れないようにしたいものです。

●保育を他者の目を通して評価する

　保育は究極において、主観的な営みです。主観的というのは、自分の思い通りに行うことではありません。保育の専門的な知識や技術をそのまま、例えば「こういう場合はこのように保育する」というように、保育を技術として用いるだけでは子どもは育ちません。保育の専門的な知識、技術をもった保育者が、子どもとの関係の中で心を動かされてやり取りする中で子どもは育っていきます。専門の知識や技術が保育者一人ひとりの保育実践の中で何度も何度も自問自答され、吟味がくり返され、自分のものになるという意味において主観的な営みと言えます。

図18　評価の構造

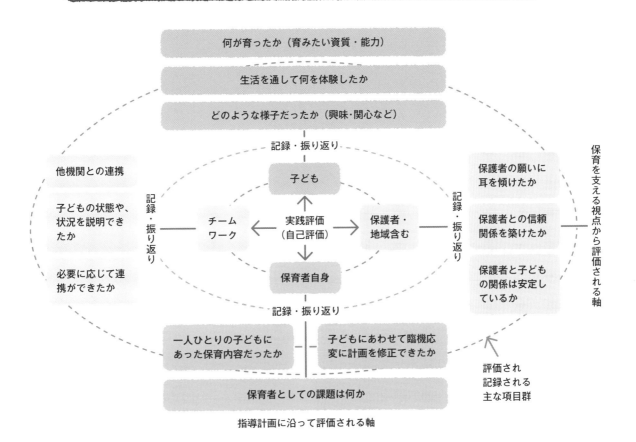

このことを保育者は肝に銘じて、自分自身の保育実践を見る目、子どもを理解する目を厳しくチェックすることが要求されます。自らの主観のありようを問うことです。

　そのためには、自分で自分を見るだけではなく、他者の目を通して自分を見ること、他者との主観の在りようを共有する（間主観的といいます）ことが必須です。保育に対する主観を共有することで、自らの保育の妥当性を担保することになります。

　保育の評価は、個人だけで行うだけではなく、保育を行っている様子を保育者間で見合い、子どもの行動の見方や自分の保育について話し合うことなどが重要になります。保育者が、それぞれの作成した指導計画をもとに、保育における意図や願いを、子どものエピソードなどの根拠をもって話し合う中で、自らを他者の目を通して見ることになります。自分では気づかない良いところや課題を発見することになります。また、ほかの保育者の意見を聞いて、子どもの見方が広がったり深まったりします。このような取り組みを園全体で行うことで、園の保育の質の向上に向けた取り組みにもなります。

　保育の評価は、どうすれば子どもの最善の利益（一人ひとりの子どもの発達の保障）につながるかの評価であり、欠点を探し出して、その欠点を直すように迫る評価ではないということです。保育の評価をきちんと行う道しるべとして、これまでに述べたことを図18に表しました。項目を参照しながら、子どものための、そして、自分の専門性向上のための評価を行いましょう。

資料

関連する計画

全体的な計画

保育理念	◎健やかで心豊かな子どもを育てるとともに、保護者に信頼され、子育て家庭にやさしい、地域に開かれた園をめざす
保育目標	●心身ともに健康な子ども ●意欲、自主性、思いやりのある子ども ●豊かな感性をもつ子ども
保育方針	●一人ひとりの子どもの心に寄り添い、安心感と信頼感のある保育 ●自由感のある保育の中で、失敗やまわり道をしながら様々な経験を重ね、生きる力を培う保育 ●異年齢保育を通し、思いやりや助け合いの心を育てる保育

発達過程	0〜2歳	6か月未満 ●心身の未熟性 ●著しい身体的成長と感覚の発達 ●首がすわる、寝返り、腹ばい ●表情の変化、体の動き、喃語などによる表現	6か月から1歳3か月未満 ●座る、はう、立つ、伝い歩き、手を使うなど、運動機能の発達により探索行動が活発になる ●大人との関わりが深まり、やりとりが盛んになる ●愛着と人見知り
	3〜5歳	3歳から4歳 ●基本的生活習慣の形成 ●話し言葉の基礎の形成、知的興味・関心の高まり ●予想や意図、期待をもった行動 ●平行遊び	4歳から5歳 ●全身のバランス力、体の動きが巧みになる ●自然など身近な環境への関わり方や選び方を体得 ●自意識の高まりと葛藤の経験、けんかが増える

健康支援	健康診断（年2回）　歯科検診（年2回）　身体測定　日々の健康視診　保健指導（手洗い、歯磨き、うがい）　食育推進（食事・健康だより発行）　家庭での健康把握（0・1歳児）　アレルギー児への対応（除去食、代用食）　感染症の発生および対応の広報
環境・衛生管理	園舎内外の清掃　布団乾燥（年3回）　尿検査（年1回）　職員検便（調理、0・1歳児担当者　毎月）　ペーパータオル使用（全園児、全職員）　ポンプ式泡石けん使用　個別用タオル使用（3歳以上児）　乳児おもちゃの清浄・消毒　砂場の消毒　カーテン・じゅうたんのクリーニング
安全対策・事故防止	避難・消火訓練（毎月）　園庭遊具・施設設備安全点検（年4回）　事故記録簿の作成　災害救助協力員の設置　交通教室（毎月）　危機管理マニュアル作成　救命（AED）講習会（年1回）　ヒヤリハット記録
保護者・地域等への支援	保育参加　祖父母学級　連絡帳による情報交換（毎日）　園だより・クラスだよりの発行　園開放（毎週水曜日）　世代間交流　実習生・中高生職場体験・ボランティア受け入れ　地域行事への参加（小学校運動会、「コミセンまつり」）　献立表　食事＆健康だより

人権尊重
　保育者などは、子どもの人権を守るために、法的、制度的に裏づけられていることを確認し、人権に配慮した保育を行う

説明責任
　保護者や地域社会に対して、園の理念・方針・保育の内容などを適切にわかりやすく説明する

情報保護
　保育にあたり知り得た子どもや保護者に関する情報は、正当な理由なくもらしてはならない

苦情処理・解決
　苦情解決責任者である施設長の下に担当者を決め、書面における体制整備をする。また、第三者委員会を設置する。内容について、職員の共通理解を図る

1歳3か月から2歳未満
- 歩行の開始と言葉の習得
- 歩く、押す、つまむ、めくるなどの運動機能の発達による行動範囲の拡大
- 周囲への関心や大人との関わりへの意欲の高まり

2歳以上
- 歩く、走る、跳ぶなど基本的な運動機能の伸長や指先の機能の発達
- 食事、衣類の着脱、排泄などを自分でしようとする
- 語彙の増加、自己主張の高まり、自我の育ち
- 模倣やごっこ遊びが始まる

5歳から6歳
- 基本的生活習慣の確立
- 運動遊びをしたり、全身を動かしたりして活発に遊ぶ
- 仲間とともに遊ぶ中で規範意識や社会性を体得
- 判断力・認識力の高まりと自主性・自律性の形成

6歳以上
- 滑らかで巧みな全身運動、意欲旺盛で快活
- 仲間の意思の尊重、役割分担や協同遊びの展開
- 思考力や自立心の高まり、自然・社会事象などへの興味・関心の高まり

研修計画	園内研修（保育指導研究会・課題をもった研修会）　園外研修　自主研修
特色ある保育	異年齢混合保育（3歳児以上）　乳児保育（担当制の導入）
小学校との連携	保育所児童保育要録などの送付　就学児情報交換会　運動会・発表会の観覧　就学前の小学校見学　小学校高学年の来園（交流会）
自己評価	保育理念・保育方針・保育課程の理解　保育者の評価（自己評価表の実施）　保育所の評価

主な行事：入園式　こどもの日　お楽しみ会　クラス遠足　七夕まつり　親子バス遠足　親子夏まつり　運動会　発表会　クリスマス会　だんごさげ　作品展　豆まき　バイキング　ひなまつり　卒園式　誕生会

保健計画

目標	健康な心と体を育て、自ら健康的で安全な生活ができるような力を養う

ねらい

◉ 保健的で安全な環境の中で生命を保持し、一人ひとりの生理的欲求や思いを受け止め、情緒の安定を図る。
- 簡単な身のまわりのことに興味をもち、自分でしようとする。
- いろいろな遊びを通し、保育者や友だちと関わることを楽しむ。
- 自然や身のまわりのものに興味や関心をもつ。
- 保育者や友だちとの関わりの中で、少しずつ言葉を覚え、自分の思ったことを伝えようとする。
- 生活や遊びの中で、様々な歌や音楽に触れ、自分なりに表現することを楽しむ。

年齢別のねらい

乳児

- 一人ひとりに合った生活リズムで、心身ともに健康に過ごす
- 睡眠、食事、排泄などの生理的欲求を満たし、生活リズムを整える
- 寝返り、ハイハイなどの運動を十分にする

	1期のねらい（4・5・6月）	2期のねらい（7・8・9月）
内容	● 新しい環境や園の生活に慣れる ● ゆったりとした生活の中で、体のリズムを整え生活する	● 戸外で元気に遊ぶ ● 暑さに負けない元気な体をつくる ● 生活リズムを整える
保健に関する事項	● 園児検診 ● 内科健診、歯科検診（全園児実施） ● 健診嘱託医との連絡 ● 健康管理 ● 職員細菌検査（検便）毎月 ———— ● 乳幼児の身長・体重測定　毎月 ————	● 心理相談（随時） ● 健診嘱託医との連絡
健康管理に関する事項	● 入園児の健康診断と結果の把握 ● 園児の身体的特徴の把握（発育状況、既往歴、予防接種状況、体質、特徴の把握） ● 衛生品整備 ● 健康状態の観察・検温の徹底（毎日） ● 清潔の習慣づけ、手洗いの徹底 ● 室内を換気し湿度・温度を調整する ● 入園児の疲労に留意する ● 梅雨時の衛生管理 ● 汗をかいたら沐浴を行い、衣服の着替えを行う ● 気温の変化によって衣類を調節する ● 冷房器具の整備 ● 遊具消毒、壁・床消毒（毎月）	● プール開き（水遊び時の健康状態の把握） ● 暑さに体が適応しにくいので、休息を十分にとるように指導する ● 皮膚の状態、頭髪の観察（とびひ、頭しらみの有無等） ● こまめに水分摂取を促す ● 日よけの完備、風通しをよくし、気温と室温の差に留意する ● 汗をかいたら沐浴を行い、衣服を着替える ● 熱中症に注意し、頻繁に状態観察をする ● 休息を十分とれるよう援助する ● 疲労の回復をはかる

健康管理に関する各種書類　チェック一覧

☐健康診断票　☐年間健診計画書　☐健康診断結果お知らせ
☐睡眠チェック表　☐食物アレルギー児への対応マニュアル
☐身体測定記録簿　☐施設・遊具の安全チェック表
☐歯科検診管理簿　☐保健だより　☐生活調査票
☐ヒヤリハットの記録　☐登園許可書
☐連絡帳　☐事故報告書　☐与薬依頼書

環境整備

- 保育室の温度・湿度・換気に留意する
- 備品・おもちゃ・固定遊具及び園内外の整備など安全点検をする
- けがの予防に努め、全身運動と適度な休息のバランスをとる

1歳児から3歳未満児

- 睡眠・食事のリズムが整い、十分に体を動かして遊ぶ
- 手洗いやうがいの習慣が身につき、排泄の自立に向けてトイレへの関心が高まる

3歳以上児

- 生活リズムが整い、体を動かし存分に遊ぶ
- 健康・安全に必要な生活習慣が身につく
- 排泄の自立、簡単な身のまわりのことをしようとする

3期のねらい（10・11・12月）	4期のねらい（1・2・3月）
● 全身を使って遊び、体力をつける ● 風邪の予防に努める ● 衣服を調節し、冬の習慣に慣れる	● 生活に必要な衛生・安全の習慣を身につける ● 寒さに負けず、元気に遊ぶ
● 心理相談 ● 内科健診、歯科検診（全園児実施） ● 健診嘱託医との連絡 ● 園舎消毒 ● 衛生管理	● 心理相談 ● 衛生管理 ● 健康管理 ● 感染予防
● 生活リズムを整える ● 戸外遊びを推進し、体力増強を図る ● 疲れすぎないように配慮する ● 皮膚状態、頭髪の観察（虫さされ、とびひ等） ● エアコン、暖房器具の整備 ● 手洗い、うがいの指導 ● 室内の換気、室温、湿度に注意し調整する ● 検温の徹底 ● 気温の変化によって衣類を調整する	● 室内の換気、室温、湿度に注意し調整する ● 検温の徹底 ● 健康記録の整理 ● 保健計画の反省 ● 新入園児の面接・健診

保護者との連携

- 子どもの家庭での生活実態、健康状態、既往症、予防接種履歴などの情報提供をしてもらい、子どもにとって適切な保育を行う。
- 子どもの成長過程を日々の生活を通して細かに伝え、家庭と園で、心身ともに一貫して過ごせるようにする。
- 食物アレルギーのある子については、家庭との連絡を密に行う。アナフィラキシーショックのある子へは、個別の献立表などを作成し、緊急時の対応について消防署、病院と事前に打ち合わせ、情報を共有する。
- 家庭と連携を取り、子ども一人ひとりの体質やアレルギーの有無、好き嫌い、食事の量、離乳食などを把握し、安全に食育活動を進める。

食育計画

食育目標…"食"に関心をもち、健康な心と体を育て、自ら健康的で安全な生活ができるような力を養う。

季節	春			夏	
月	4	5	6	7	8
行事食・郷土食	誕生会メニュー ——	ふき煮、わらび汁 / 子どもの日	ささ巻 / 筍煮 / お楽しみ給食	七夕（そうめん汁）/ なだ巻き / 土用丑の日　だし →	夏野菜カレー / お楽しみ給食
給食に取り入れる 旬の野菜等	茎立ち / イチゴ / 春キャベツ / わらび	サヤエンドウ / アスパラ / アスパラ菜 / ブロッコリー	サヤインゲン / ほうれん草　インゲン / 筍　ミニトマト / サクランボ　メロン	じゃが芋　キュウリ　枝豆 / トマト　なす・トウモロコシ / オクラ　カボチャ / スイカ	ブドウ
食育だより	園給食について / ごはんの量　朝食の大切さ / 旬の野菜・行事食・献立紹介 ——	カフェテリア給食について	むし歯予防 / よくかもう！	食中毒予防 / 咀嚼　手洗い	夏野菜の話

	年間目標	1期のねらい（4・5・6月）	2期のねらい（7・8・9月）
0歳児	一人ひとりの発達に合わせ授乳、離乳を進め発育発達を促す。	● 一人ひとりが安心して乳汁を飲み、また離乳食を食べる。	● 個々に応じた授乳を行い、楽しい雰囲気で離乳食を食べる。
1歳児	スプーンやフォークの正しい持ち方を知り、食べることの楽しさを感じ、意欲的に食べられるようにする。	● 保育者に見守られ安心して食べる。	● いろいろな食べ物を見る、触れる、味わうことを通して食に関心をもつ（低月齢児は手づかみ食べを十分に経験する）。
2歳児	楽しい雰囲気の中で、食べ物に関心をもち、自分で食べようとする気持ちを育てる。	● 食事（おやつ）を保育者や友だちと一緒に楽しく食べる。	
3歳児〜5歳児	生活と遊びの中で、自ら意欲をもって食に関わる体験を積み重ね、食べることを楽しめるようにする。	● 友だちと一緒に楽しく食事をする。 ● カフェテリア方式（※）を通し、自分の食べられる量を知る。 ● 自分たちで畑作りをし、その生長や収穫物に関心をもつ。 ● いろいろな食材を食べてみようとする。 ● 食事の正しい姿勢、マナーを知る。 ◎ 騒がず座って食事を楽しむ。	
調理室の配慮点 （0〜2歳児）		● 家庭と連絡を取り、個々に合わせた形態・食材を把握したうえで、切り方、大きさに注意して提供する（離乳食）。 ● クラス訪問を行い、喫食状況を把握し、成長に合った調理方法を工夫する。また、訪問時、子どもとの交流を図る。 —— ● スプーンやフォークで食べやすい切り方に配慮する。 —— ● うす味給食を心がける。	
調理室の配慮点 （3〜5歳児）		● 家庭で食べ慣れた献立を取り入れる。 ● 食べることが楽しくなるような盛りつけや献立を取り入れ、食に対する関心をもてるようにする。 ● 子どもが取り分けしやすく、食べやすい切り方、大きさに配慮する。 ● クラス訪問をしっかり行い、食材の固さ、大きさなど喫食状況を把握し、調理方法を工夫する。 ● 咀嚼を促す食材を取り入れる。	

園と家庭・地域との連携

- 日々の給食の状態や食材、子どもたちそれぞれの様子、反応について、写真、連絡帳、口頭などで知らせ、個々の成長を保護者と共有する。
- クッキングなど食育活動の意義や様子を知らせる。
- 献立表、食育だよりで園の食事について知らせ、食への関心と啓蒙を図る。
- 食事の見本の展示し、保護者に試食をしてもらい、園給食への関心を高める。

	秋			冬			春
	9	10	11	12	1	2	3
	芋煮、みそ揚げ 里芋のみそ和え	栗ごはん がんばれ給食	新米（おにぎり）	小豆カボチャ クリスマス	納豆汁（七草）	節分	ひな祭り お別れバイキング
			お楽しみ給食			お楽しみ給食	お祝い膳

食材
- 9: キャベツ／里芋
- 10: さつま芋／新米
- 11: ゴボウ／しいたけ／青菜／大根／ねぎ／なし、かき　白菜 →
- 12: ラフランス
- 1: セロリ　レタス
- 10・11: リンゴ
- 3: かぶ／イチゴ

行事・テーマ
- 夏バテ回復／夏バテ防止
- 冬の感染症
- 年末年始行事の食べ物　免疫向上の習慣（ノロウイルス・インフルエンザ）
- 健康チェック
- 節分
- 食事マナー　ひな祭り　バイキングの報告

3期のねらい（10・11・12月）	4期のねらい（1・2・3月）
● 離乳食では、咀嚼することを知らせ、こぼしても自分で食べようとする気持ちをもつ（手づかみ食べを大事にする）。	● 食べやすい持ち方でフォークやスプーンを使い、食べることに慣れる。 ● 離乳食を進め、様々な食品に触れ、幼児食への移行を図る。
● 保育者や友だちと一緒に楽しい雰囲気で意欲的に食べる。	● スプーンやフォークの正しい持ち方を知り、楽しい雰囲気で自分からすすんで食べる。
● 楽しい雰囲気の中で、正しい持ち方でスプーン、フォーク、はしを使って食べる。 ● 野菜作りを手伝い、収穫物を友だちと一緒に食べることを楽しむ。	● マナーを知り、そのまねをして、楽しく落ち着いて食べる。 ● 簡単なクッキングを通して、食材の変化やクッキングの楽しさを感じ、でき上がったものを喜んで食べる。
● 食べ物と健康に関心をもち、大きくなりたいという気持ちをもっていろいろな食べ物を食べようとする。 ● 栽培物の収穫を喜び、それを食べることで食材への関心を深める。 ● クッキングに取り組み、調理の楽しさ、食べることの喜びを味わう。 ◎ 正しいはし使いを意識して食べる。 ◎ 食器を持ち、こぼさないように気をつけて食べる。	● 食習慣や食事の大切さを理解し、すすんでマナーを守り、楽しく食事をする。 ● 食べ物と体の働きを理解し、いろいろな食べ物を食べる。 （5歳児） ◎ 食事時間を意識して食べ終えようとする。 ◎ 就学に向けて食事のマナーを再確認する。
● 手づかみ食べしやすいような切り方を工夫する。 ● 咀嚼を促すような食材を選び、固さや大きさを成長に合わせて工夫する。 ● 楽しく子どもの目を引くような盛りつけを心がける。	● 見た目で楽しさを感じられるような盛りつけを心がける。
● クラス訪問時に体をつくる栄養などについての声かけを行う。 ● 適時適温での調理、配膳に気をつける。 ● よくかむ力がつくような食材を用いて、献立を立てる。 ● 様々な食材を用いて、そのもち味を生かして調理を工夫する。 ● 展示物や掲示物を設置し、食べ物に関心をもって食べられるようにする。	● 個々の成長や食欲に合わせて食事量を工夫する（おかわりの準備等）。 ● 正しい食事のマナーを知り食べられるよう、保育者と連携し声がけする。 ● 体と食べ物の関係に関心をもって食べられるように、掲示物などを工夫する（5歳児）。
● 畑の収穫物などでクッキング活動ができるように準備する。	

● 食物アレルギーのある子については、家庭との連絡を密に行う。アナフィラキシーショックのある子へは個別の献立表などを作成し、緊急時の対応については、消防署、病院と事前に打ち合わせ、情報を共有する。

● 家庭と連携を取り、子ども一人ひとりの体質やアレルギーの有無、好き嫌い、食事の量、離乳食などを把握し、安全に食育活動を進める。

※本園では、カフェテリア方式での配膳を行っています。子ども一人ひとりの成長が違うように、食べられる量も好みも個人差があります。食事は楽しく食べられるように無理をせず、一人ひとりが自分の食べられる量を知り、バランスよく食べられるように保育者と連携を取り、時間をかけて進めています。

保育の内容(例)

	乳児	満1歳児～3歳未満児

養護

生命保持・情緒の安定

◎ 生命の保持
- 一人ひとりの子どもの平常の健康状態や発育及び発達状態を的確に把握し、異常を感じる場合は、速やかに適切に対応する。
- 家庭との連携を密にするとともに、嘱託医などとの連携を図り、子どもの疾病や事故防止に関する認識を深め、保健的で安全な保育環境の維持及び向上に努める。

- 清潔で安全な環境を整え、適切な援助や応答的な関わりを通して、子どもの生理的欲求を満たす。また、家庭と協力し、子どもの発達過程などに応じた適切な生活のリズムをつくる。
- 子どもの発達過程などに応じて、適度な運動と休息を取ることができるようにする。また、食事、排泄、衣服の着脱、身のまわりを清潔にすることなどについて、子どもが意欲的に取り組むよう適切に援助する。

教育

身体的発達

◎「健やかに伸び伸びと育つ」
- 保育者の愛情豊かな受容の下で、生理的・心理的欲求を満たし、心地よく生活をする。
- 一人ひとりの発育に応じて、はう、立つ、歩くなど、十分に体を動かす。
- 個人差に応じて授乳を行い、離乳を進める中で、様々な食品に少しずつ慣れ、食べることを楽しむ。
- 一人ひとりの生活リズムに応じて、安全な環境の下で十分に午睡をする。
- おむつ交換や衣服の着脱などを通じて、清潔になることの心地よさを感じる。

健康
- 保育者の愛情豊かな受容の下で、安心感をもって生活をする。
- 食事や午睡、遊びと休息など、園における生活のリズムが形成される。
- 走る、跳ぶ、のぼる、押す、引っ張るなど全身を使う遊びを楽しむ。
- 身のまわりを清潔に保つ心地よさを感じ、その習慣が少しずつ身につく。
- 保育者の助けを借り、衣服の着脱を自分でしようとする。
- 便器での排泄に慣れ、自分で排泄できるようになる。

人間関係
- 保育者や周囲の子どもなどとの安定した関係の中で、ともに過ごす心地よさを感じる。
- 保育者の受容的・応答的な関わりの中で、欲求を適切に満たし、安定感をもって過ごす。
- まわりに様々な人がいることに気づき、徐々にほかの子どもと関わりをもって遊ぶ。
- 保育者の仲立ちにより、ほかの子どもとの関わり方を少しずつ身につける。
- 園の生活の仕方に慣れ、きまりがあることや、その大切さに気づく。
- 生活や遊びの中で、年長児や保育者のまねをしたり、ごっこ遊びを楽しんだりする。

社会的発達

◎「身近な人と気持ちが通じ合う」
- 子どもからの働きかけを踏まえた、応答的なふれあいや言葉がけによって、欲求が満たされ、安心感をもって過ごす。
- 体の動きや表情、発声、喃語などをやさしく受けとめてもらい、保育者とのやりとりを楽しむ。
- 生活や遊びの中で、自分の身近な人の存在に気づき、親しみの気持ちを表す。
- 保育者による言葉や歌による働きかけ、発声や喃語などへの応答を通じて、言葉の理解や発語の意欲が育つ。
- あたたかく、受容的な関わりを通じて、自分を肯定する気持ちが芽生える。

環境
- 安全で活動しやすい環境での探索活動などを通して、見る、聞く、触れる、嗅ぐ、味わうなどの感覚の働きを豊かにする。
- おもちゃ、絵本、遊具などに興味をもち、それらを使った遊びを楽しむ。
- 身のまわりのものに触れる中で、形、色、大きさ、量など、ものの性質や仕組みに気づく。
- 自分のものと人のものとの区別や、場所的感覚など、環境をとらえる感覚が育つ。
- 身近な生き物に気づき、親しみをもつ。
- 近隣の生活や季節の行事などに興味や関心をもつ。

言葉
- 保育者の応答的な関わりや話しかけにより、自ら言葉を使おうとする。
- 生活に必要な簡単な言葉に気づき、聞き分ける。
- 親しみをもって日常のあいさつに応じる。
- 絵本や紙芝居を楽しみ、簡単な言葉をくり返したり、模倣をしたりして遊ぶ。
- 保育者とごっこ遊びをする中で、言葉のやりとりを楽しむ。
- 保育者を仲立ちとして、生活や遊びの中で友だちと言葉のやりとりを楽しむ。
- 保育者や友だちの言葉や話に興味や関心をもち、聞いたり、話したりする。

精神的発達

◎「身近なものと関わり感性が育つ」
- 身近な生活用具、おもちゃや絵本などが用意された中で、身のまわりのものに対する興味や好奇心をもつ。
- 生活や遊びの中で様々なものに触れ、音、形、色、手ざわりなどに気づき、感覚の働きを豊かにする。
- 保育者と一緒に様々な色彩や形のもの、絵本などを見る。
- おもちゃや身のまわりのものを、つまむ、つかむ、たたく、引っ張るなど、手や指を使って遊ぶ。
- 保育者のあやし遊びに機嫌よく応じたり、歌やリズムに合わせて手足や体を動かして楽しんだりする。

表現
- 水、砂、土、紙、粘土など様々な素材に触れて楽しむ。
- 音楽やリズム、それに合わせた体の動きを楽しむ。
- 生活の中で様々な音、形、色、手ざわり、動き、味、香りなどに気づいたり、感じたりして楽しむ。
- 歌をうたったり、簡単な手遊びや全身を使う遊びを楽しんだりする。
- 保育者からの話や、生活や遊びの中での出来事を通して、イメージを豊かにする。
- 生活や遊びの中で、興味のあることや経験したことなどを自分なりに表現する。

食を営む力
- 様々な食品や調理形態に慣れ、ゆったりとした雰囲気で食事や間食を楽しむ。
- いろいろな食べ物を見る、触れる、味わう経験を通して、自分ですすんで食べようとする。
- 楽しい雰囲気で、スプーンやフォークの持ち方を知り、自分で食事をしようとする。

3歳以上児

◉ 情緒の安定

- 一人ひとりの子どもの置かれている状況や発達過程などを的確に把握し、子どもの欲求を適切に満たし、応答的なふれあいや言葉がけを行う。
- 一人ひとりの子どもの気持ちを受容し、共感し、子どもとの継続的な信頼関係を築く。

- 保育者との信頼関係を基盤に、一人ひとりの子どもが主体的に活動し、自発性や探索意欲などを高め自信をもつことができるように、成長の過程を見守り適切に働きかける。
- 一人ひとりの子どもの生活のリズム、発達過程、保育時間などに応じて、活動内容のバランスや調和を図り、適切な食事や休息を取れるようにする。

健康	・保育者や友だちとふれあい、安定感をもって行動する。 ・いろいろな遊びの中で十分に体を動かす。 ・すすんで戸外で遊ぶ。 ・様々な活動に親しみ、楽しんで取り組む。 ・保育者や友だちと食べることを楽しみ、食べ物への興味や関心をもつ。 ・健康な生活のリズムを身につける。	・身のまわりを清潔にし、衣服の着脱、食事、排泄などの生活に必要な活動を自分でする。 ・園における生活の仕方を知り、自分たちで生活の場を整え、見通しをもって行動する。 ・自分の健康に関心をもち、病気の予防などに必要な活動をすすんで行う。 ・危険な場所、危険な遊び方、災害時などの行動の仕方がわかり、安全に気をつけて行動する。
人間関係	・保育者や友だちとともに過ごす喜びを味わう。 ・自分で考え、自分で行動する。 ・自分でできることは自分でする。 ・いろいろな遊びを楽しみ、ものごとをやり遂げようとする気持ちをもつ。 ・友だちと積極的に関わり、喜びや悲しみを共感し合う。 ・自分の思ったことを相手に伝え、相手の思っていることに気づく。 ・友だちのよさに気づき、一緒に活動する楽しさを味わう。	・友だちと楽しく活動する中で、共通の目的を見いだし、工夫したり協力したりする。 ・よいことや悪いことがあることに気づき、考えながら行動する。 ・友だちとの関わりを深め、思いやりをもつ。 ・友だちと楽しく生活する中できまりの大切さに気づき、守ろうとする。 ・遊具や用具を大切にし、みんなで使う。 ・高齢者をはじめ地域の人々など、自分の生活に関係の深いいろいろな人に親しみをもつ。
環境	・自然に触れて生活し、その大きさ、美しさ、不思議さなどに気づく。 ・生活の中で、様々なものに触れ、その性質や仕組みに興味や関心をもつ。 ・自然や人間の生活には、季節により変化のあることに気づく。 ・自然などの身近な事象に関心をもち、取り入れて遊ぶ。 ・身近な動植物に親しみをもって接し、生命の尊さに気づき、いたわったり、大切にしたりする。 ・日常生活の中で、自分の国や地域社会における様々な文化や伝統に親しむ。	・身近なものを大切にする。 ・身近なものやおもちゃなどに興味をもって関わり、自分なりに比べたり関連づけたりして考え、試し、工夫して遊ぶ。 ・日常生活の中で数量や図形などに関心をもつ。 ・日常生活の中で簡単な標識や文字などに関心をもつ。 ・生活に関係の深い情報や施設などに興味や関心をもつ。 ・園内外の行事において国旗に親しむ。
言葉	・保育者や友だちの言葉や話に興味や関心をもち、親しみをもって聞いたり、話したりする。 ・したり、見たり、聞いたり、感じたり、考えたりしたことを、自分なりに言葉で表現する。 ・したいこと、してほしいことを言葉で表現し、わからないことを尋ねたりする。 ・人の話を注意して聞き、相手にわかるように話す。 ・生活の中で必要な言葉がわかり、使う。	・親しみをもって日常のあいさつをする。 ・生活の中で言葉の楽しさや美しさに気づく。 ・いろいろな体験を通じてイメージや言葉を豊かにする。 ・絵本や物語などに親しみ、興味をもって聞き、想像する楽しさを味わう。 ・日常生活の中で、文字などで伝える楽しさを味わう。
表現	・生活の中で様々な音、形、色、手ざわり、動きなどに気づいたり、感じたりして楽しむ。 ・生活の中で美しいものや心を動かす出来事に触れ、イメージを豊かにする。 ・様々な出来事で感動したことを伝え合う楽しさを味わう。 ・感じたこと、考えたことなどを音や動きで表現したり、自由にかいたり、作ったりなどする。 ・いろいろな素材に親しみ、工夫して遊ぶ。	・音楽に親しみ、歌をうたったり、簡単なリズム楽器を使ったりする楽しさを味わう。 ・書いたり、作ったりすることを楽しみ、遊びに使ったり、飾ったりする。 ・自分のイメージを動きや言葉などで表現したり、演じて遊んだりするなどの楽しさを味わう。
食を営む力	・保育者や友だちと食べることを楽しみ、食べ物への興味や関心をもつ。 ・友だちと一緒に食事をし、食事の仕方が身につく。	・体と食べ物の関係に関心をもつ。 ・地域の食物や食文化に関心をもつ。

自立の過程　睡眠・食事・遊びの発達過程、排泄の自立の過程（例）

月齢	1	2	3	4	5	6	7	8	9	10	11	12
運動	ベッドでねんね。首がすわる			寝返り・お座りをする			ハイハイ・つかまり立ちをする			伝い歩き・よちよち歩き		

遊び

見える・聴こえる	さわってみたい	確かめたい	何度もやってみたい
ガラガラやメリーなど動くものを見つめる。 保育者の歌声などを聞くと喜んで声を出す。 抱っこで散歩し、光や風にあたる。	手を出してつかみ、振ったりなめたりして確かめる。 ガラガラ、プレイジム、ぬいぐるみなどで遊ぶ。 「いないいないばあ」やくすぐり遊びを楽しむ。	ブロック、ガラガラなど両手に持ち、なめたりして確かめる。 絵本を読んでもらい、保育者の表情や仕草をまねる。 風呂敷などを使って「いないいないばあ」を楽しむ。	太鼓など音の出るおもちゃ何度もたたいて遊ぶ。 指先でつまんで入れたり出したりして遊ぶ。 保育者と「バイバイ」などの身振り手振りで遊ぶ。

睡眠の発達過程

眠り中心の生活の時期	昼夜のリズムが確立する時期	午前の睡眠と午後の睡眠の時期
● 生活の大半を眠って過ごす。 ● 昼夜の区別がついていない。 ● 眠りと目覚めをくり返し、次第に目覚めている時間が長くなってくる。 ● おなかがすくと目覚め、乳汁を飲み、おなかがいっぱいになると眠る。	● 昼間目覚めている時間が増え、少しずつまとめて眠ることが多くなる。 ● 昼夜のリズムが確立し、夜間の睡眠時間も次第に長くなる。 ● 寝入りや目覚めの時にくずったり、泣いたりする。	● 一日の睡眠時間が14時間前後となり、午前と午後の眠りになってくる。 ● 眠くなると特定の保育者を求め、安心して眠る。 ● 自分の眠る場所がわかり、その場所であると安心して眠れる。 ● 目覚めた時、なじんだ保育者を求め、見つけると安心する。

食事の発達過程

乳汁中心(飲ませてもらう)	準備期	離乳期	（食べさせてもらう）	（手伝ってもらいながら食べる）
● 授乳のリズムが整わず不規則である。 ● 空腹になると不快を感じて、ぐずったり泣いたりする。	● 授乳のリズムが整ってくる。 ● 食べるものを見ると声を出し、食べさせてほしいという表情をする。 ● スプーンなどの感触に慣れる。 ● 手に握ったものを口にあて、なめたりする。	● 離乳食を午前1回食べる。 ● 舌の突き出し反射が消え、食べ物を見るともぐもぐする。 ● 歯が生え始め、よだれが多く出て食べたがる。 ● 舌を前後に動かし、口唇を閉じるようになり飲み込む。 ● ものを握り、何でも口に持っていこうとする。 ● 食べ物を見ると、手足をばたばたして喜ぶ。	● 離乳食を2回（午前1回、午後1回）食べる。 ● 舌で食べ物をつぶして食べられるようになる。 ● スープは実のないものから、少しずつ実の入ったものを食べる。 ● はじめて食べる味や形態は拒む。 ● 食べたいもの指さしたり、手づかみ食べをする。 ● 食卓を見ると、食事が始まるのがわかり反応する。 ● 食べるリズムや食べ癖などに合わせて食べさせてくれる保育者だと、安心して食べる。	● 離乳食を一日3回食べる。 ● 乳汁より食事の離乳食のほうを多く食べる。 ● 唇を閉じたり開いたり、舌を左右に動かし食べる。 ● 前歯でかみ切って食べる。 ● 食欲にむらがあり、好きな食品や嫌いな食品が出てくる。 ● 手づかみで食べ、コップで飲もうとする。 ● フォークやスプーンを使って食べようとする。 ● 食事後のミルクは飲まないが、おやつ時にミルクを飲む。

排泄の自立の過程

おむつの時期		
● 腎臓の働きや消化機能が未発達のため頻繁に排泄をする。 ● 乳汁を飲むと、すぐに排泄する。 ● 主に水分を含む水様便で、回数が多い。 ● 排便反射による排便で、乳児が便意を感じることはなく、回数が多い。 ● おむつかぶれになりやすい。		● 排尿の間隔が長く、規則的になってくる。 ● 10か月ごろになると、個人差はあるが排尿回数は一日10〜16回、排便は1〜2回程度となる。 ● 膀胱に尿がたまると反射的に排尿し、子ども自身でコントロールはできないが、声を出したりもぞもぞしたりする。 ● 排便をするとき反射的に腹圧をかけ、いきむ。 ● 軟便から固形便となり、次第に回数も少なくなる。

13	14	15	16	17	18	19	20	21	22	23	24	25	26	27	28	29	30	31	32	33	34	35	36

とことこ歩き・のぼる			すたすた歩き・走る				蹴る・のぼる・ジャンプする・バランスをとる				

行ってみたい・確かめたい	動きたい・話したい	まねしたい・一緒に遊びたい	使ってみたい・なりきりたい
戸外に出ると興味のあるものに向かって歩く。 鍵やボタンなどをどのように使うか確かめて遊ぶ。 絵本などを通して保育者とやりとりを楽しむ。	ボールを投げたり、つかんだりなど全身活動を好む。 砂や水などいろいろな素材に触れ、感触を楽しむ。 友だちと野遊びを好み、トラブルになることもある。	高いところから飛び降りたり、ぶら下がったり、全身を使って遊ぶ。 リズムに合わせて手足を動かす。指先を使う遊びに夢中になる。 ごっこ遊びが盛んになり、その役になりきって遊ぶ。	三輪車をこぎ、平均台をバランスをとって渡る。 はさみ、のりなどの道具を使って作ることを楽しむ。 いすや積み木を使って電車やトンネルに見立てて遊ぶ。

午後の睡眠に移行する時期	午後1回の睡眠の時期
● 日中の眠りが定着せず、その日によって眠る時間に違いがある。 ● 午前の睡眠と午後の睡眠をくり返し、午後1回の睡眠の日が多くなってくる。 ● 昼食時間に眠くなり、機嫌が悪くなったりする。 ● 睡眠時、特定の保育者との関わりを求め、特定の保育者だと安心して眠る。 ● 眠りの前の絵本やお話を楽しみに待つ。 ● 自分の眠る場所にこだわり、その場所で安心して眠る。	● 午後1回まとめてぐっすり眠る。 ● 存分に遊んだ時は、ぐっすりと眠る。 ● 眠りに入る前の絵本やお話を楽しみに待つ。 ● 時には保育者を求めるが、だいたいは一人でも眠れるようになる。 ● 一緒に眠りたい友だちができる。 ● 睡眠の準備や身支度ができるようになる。

離乳完了	普通食（一人で食べる）
● 離乳食完了。普通食（一日3回）を食べるようになる。 ● ごはんを食べ、牛乳を飲む。 ● あごが自由に動くようになり唇を閉じて食べ物を左右、上下に動かして食べる。 ● コップや汁椀を持って飲む。 ● フォークやスプーンを持って食べられるようになる。 ● 食べたい、食べたくないがはっきりしてくる。	● 幼児食から普通食を食べるようになる。 ● ごはんやおかずなど様々なものが食べられるようになる。 ● もぐもぐと食品の味を楽しんだり、あまりかまずに飲み込んだりと、様々な食べ方をする。 ● 促されるとごはんとおかずを交互に食べようとする。 ● スプーンやフォークを持って食べるが、はしにも興味をもち使ってみようとする。 ● 食べる・食べないがはっきりし、食べたくないものは拒み続ける。 ● 好みのものを見つけると、それを一番に食べたいと主張するようになる。

便器に慣れる時期	おむつの外れる時期	トイレで排泄する時期
● 排泄の間隔がおおよそ一定になり定着する。個人差はあるが回数も少なくなる。 ● 尿意を感じても、予告したり我慢することはできない。 ● 大便のとき、いきんだり、おむつに手を当てたりする。排尿後「チッチ」などと知らせるようになる。 ● 便意を感じ、随意的に排便をコントロールできるようになる。 ● トイレに興味が出てくる。	● 排尿の間隔が長くなる。 ● おおよそ1時間半〜2時間ぐらいになる。 ● おむつにしたり、トイレで排泄したり、もらしたり、排泄の場が定着しない。 ● 遊びの途中でおむつ交換されたりトイレに誘われたりするのを嫌がる。 ● 特定の保育者に排泄に関わってほしいとこだわったり、トイレの特定の場所にこだわったりする。	● トイレで排泄する。 ● 尿意を感じ、排泄前に保育者に知らせることもある。 ● 遊びに夢中になると間に合わず、もらすこともある。 ● 「おねしょ」はまだ続くが、タイミングよく誘えばトイレででできるようになる。 ● トイレットペーパーを使ってふこうとし、排泄後の手洗いもするようになる。

185

ダウンロードのご案内

本書に掲載している月案（PDF形式）をダウンロードすることができます。ダウンロード後、お使いのコンピュータにファイルを保存し、ご活用ください。

収録内容

付録　1歳児クラスの月案（12か月分）PDF形式

※ダウンロード時の通信料はお客様のご負担となります。

※本書をご購入後、早い段階でのダウンロードをお願いいたします。本書の改訂や絶版、弊社システムの都合などにより、予告なくサービスを終了させていただく場合があります。予めご了承ください。

ファイルのダウンロード方法

パソコンはWindows 10、ブラウザはInternet Explorer 11.0 を例に説明します。

❶パソコンのブラウザのアドレスバーに、次のダウンロードページのURLを入力してください。

https://www.chuohoki.co.jp/movie/8283/

※中央法規コーポレートサイトからはダウンロードページにアクセスできません。上記URLを直接入力してください。

❷ダウンロードしたいファイルのリンクをクリックしてください。

❸自動的にダウンロードが開始され、画面にメッセージが表示されるので、保存先を決めて「保存」をクリックしてください。保存されたファイルを開くとパスワードの入力画面になりますので、パスワードを入力してください。

パスワード：ShidoK1

動作環境 ●閲覧機器

パソコン、タブレットにてファイルをご覧いただけます。スマートフォンでの閲覧は保障いたしません。

●推奨OS，ブラウザのバージョン

Windows 8.1 - Internet Explorer 11.0

Windows 10 - Internet Explorer 11.0，Microsoft Edge

MAC – Safari，Google Chrome，Firefox（OS も含めて最新版のみ）

●接続環境

上記の環境を有する場合でも、お客さまの接続環境等によっては一部の機能が動作しない場合や画面が正常に表示されない場合があります。また、ダウンロード時の通信料はお客様のご負担となります。

商標 ●Windows® の正式名称はMicrosoft® Windows® operating System です。

●Windows 8.1、Windows 10、Internet Explorer 11.0、Microsoft Edge は米国Microsoft Corporation の米国およびその他の国における登録商標および商標です。

●Mac OS、Safari は Apple Computer Inc. の米国およびその他の国における登録商標または商標です。

●Chrome は Google Inc. の商標または登録商標です。

●Firefox は Mozilla Foundation の商標です。

編著者

阿部和子（あべ・かずこ）

東京家政大学家政学部児童学科卒業、日本女子大学大学院修士課程修了（児童学専攻）、聖徳大学短期大学部教授、大妻女子大学教授を経て、現在は大妻女子大学名誉教授、大阪総合保育大学大学院特任教授。厚生労働省保育専門委員会委員・同ワーキンググループ委員、保育所保育指針、認定こども園教育・保育要領（2017年告示）の改定（改訂）、保育士養成課程等検討会委員として2019年度施行の保育士養成課程の改定に携わる。乳児保育の研究に長年携わり、保育士養成や保育士等キャリアアップ研修「乳児保育」研修等の講師をつとめる。

山王堂惠偉子（さんのうどう・けいこ）

日本女子大学家政学部児童学科卒業、聖徳大学大学院児童学研究科博士前期課程修了、社会福祉法人米沢仏教興道会興道南部保育園・興道親和乳児園・興道東部保育園保育士を経て主任保育士、興道西部保育園・興道北部保育園・興道南部保育園園長を歴任、山形短期大学非常勤講師、東北文教大学講師、准教授を経て、現在は非常勤講師。保育士等キャリアアップ研修「乳児保育」、子育て支援員、園内研修等の講師をつとめる。

執筆・協力

社会福祉法人白鷹町社会福祉協議会　さくらの保育園

　鈴木智子（2019年度　園長）

　大木里佳（2019年度　保育士）

　金田紘子（2019年度　保育士）

　他職員

保育の質が高まる！
１歳児の指導計画
子ども理解と書き方のポイント

2021年2月20日　初版発行
2022年5月15日　初版第2刷発行

編著者　　　　阿部和子・山王堂惠偉子
発行者　　　　荘村明彦
発行所　　　　中央法規出版株式会社
　　　　　　　〒110-0016　東京都台東区台東3-29-1　中央法規ビル
　　　　　　　Tel 03 (6387) 3196
　　　　　　　https://www.chuohoki.co.jp/

編集協力　　　　　　株式会社こんぺいとぷらねっと
印刷・製本　　　　　株式会社ルナテック
装幀・本文デザイン　平塚兼右、平塚恵美、
　　　　　　　　　　矢口なな、新井良子（PiDEZA Inc.）
装幀イラスト　　　　さかじりかずみ
本文イラスト　　　　ササキサキコ